Kohlhammer

Die Autorinnen

Dr. Martina Ruhmland ist Professorin für Psychologie und Gesprächsführung im Fachbereich Sozialwesen an der Hochschule Fulda.

Dr. Hanna Christiansen ist Professorin für Klinische Kinder- und Jugendpsychologie am Fachbereich Psychologie an der Universität Marburg.

Martina Ruhmland/Hanna Christiansen

Praxiswissen ADHS

Unterstützung im Lebenslauf

Verlag W. Kohlhammer

Dieses Werk einschließlich aller seiner Teile ist urheberrechtlich geschützt. Jede Verwendung außerhalb der engen Grenzen des Urheberrechts ist ohne Zustimmung des Verlags unzulässig und strafbar. Das gilt insbesondere für Vervielfältigungen, Übersetzungen, Mikroverfilmungen und für die Einspeicherung und Verarbeitung in elektronischen Systemen.

Die Wiedergabe von Warenbezeichnungen, Handelsnamen und sonstigen Kennzeichen in diesem Buch berechtigt nicht zu der Annahme, dass diese von jedermann frei benutzt werden dürfen. Vielmehr kann es sich auch dann um eingetragene Warenzeichen oder sonstige geschützte Kennzeichen handeln, wenn sie nicht eigens als solche gekennzeichnet sind.

Es konnten nicht alle Rechtsinhaber von Abbildungen ermittelt werden. Sollte dem Verlag gegenüber der Nachweis der Rechtsinhaberschaft geführt werden, wird das branchenübliche Honorar nachträglich gezahlt.

Dieses Werk enthält Hinweise/Links zu externen Websites Dritter, auf deren Inhalt der Verlag keinen Einfluss hat und die der Haftung der jeweiligen Seitenanbieter oder -betreiber unterliegen. Zum Zeitpunkt der Verlinkung wurden die externen Websites auf mögliche Rechtsverstöße überprüft und dabei keine Rechtsverletzung festgestellt. Ohne konkrete Hinweise auf eine solche Rechtsverletzung ist eine permanente inhaltliche Kontrolle der verlinkten Seiten nicht zumutbar. Sollten jedoch Rechtsverletzungen bekannt werden, werden die betroffenen externen Links soweit möglich unverzüglich entfernt.

1. Auflage 2022

Alle Rechte vorbehalten
© W. Kohlhammer GmbH, Stuttgart
Gesamtherstellung: W. Kohlhammer GmbH, Heßbrühlstr. 69, 70565 Stuttgart
produktsicherheit@kohlhammer.de

Print:
ISBN 978-3-17-034266-8

E-Book-Formate:
pdf: ISBN 978-3-17-034267-5
epub: ISBN 978-3-17-034268-2

Inhaltsverzeichnis

Einleitung 7

1 Was ist eigentlich »ADHS«? 9
Martina Ruhmland und Hanna Christiansen
    1.1   Theorien zur Entstehung 11
    1.2   ADHS als Entwicklungsstörung 17
    1.3   Diagnostik 18

2 ADHS in der frühen Kindheit und im Vorschulalter ... 29
Martina Ruhmland
    2.1   Entwicklung der Symptomatik –
           Erscheinungsbild 31
    2.2   Behandlungsmöglichkeiten 36
           2.2.1   Prävention 37
           2.2.2   Manualisierte Programme 42
           2.2.3   Weitere Behandlungsmöglichkeiten 45
    2.3   Eltern – Möglichkeiten der Einflussnahme 46
    2.4   Erzieher:innen – Handlungsmöglichkeiten
           in der Kita 48

3 ADHS in der mittleren Kindheit 50
Martina Ruhmland
    3.1   ADHS – Erscheinungsbild 52
    3.2   Behandlungsmöglichkeiten 57
           3.2.1   Manualisierte Programme 60
    3.3   Eltern – Möglichkeiten der Einflussnahme 62
           3.3.1   Grundsätzliche Prinzipien des Umgangs ... 63

		3.3.2	Spezifische Strategien bei Verhaltens- problemen	66
		3.3.3	Auftanken eigener Reserven	70
	3.4	ADHS in der Grundschule		71
		3.4.1	Manualisierte Programme	73
		3.4.2	Auf die Klasse bezogene Maßnahmen	76
		3.4.3	Kindbezogene Maßnahmen	80
		3.4.4	Hausaufgaben	82
		3.4.5	Zusammenarbeit Schule Elternhaus	85
		3.4.6	Ganztag	86
4	ADHS im Jugendalter			88

Timo Hennig

	4.1	ADHS – Erscheinungsbild		93
	4.2	Behandlungsmöglichkeiten		102
		4.2.1	Allgemeine Prinzipien und Ziele	103
		4.2.2	Manualisierte Programme	109
	4.3	Eltern – Möglichkeiten der Einflussnahme		115
	4.4	ADHS in der weiterführenden Schule		118

5	ADHS im Erwachsenenalter		123

Elke Riechmann und Hanna Christiansen

	5.1	ADHS – Erscheinungsbild	124
	5.2	Behandlungsmöglichkeiten	125
	5.3	Zusammenfassung und Ausblick	149

Literaturverzeichnis ... **152**

Beiträger:innen ... **170**

Einleitung

In den vergangenen Jahren ist eine Vielzahl an Veröffentlichungen zum Thema Aufmerksamkeitsdefizit-/Hyperaktivitätsstörung (ADHS) erschienen. Dies liegt zum einen daran, dass mit etwa 5 % der Kinder und Jugendlichen eine nicht unerhebliche Anzahl an Kindern und Jugendlichen diese Diagnose erhält und sie damit zu den häufigsten Störungen im Kindes- und Jugendalter zählt. Zum anderen fallen die Betroffenen nicht nur in ihrem Alltag in den Familien durch anforderndes Verhalten auf, sondern vor allem auch im Kindergarten, der Schule oder später in der Ausbildung. So sind nicht nur die Kinder/Jugendlichen und ihre Eltern selbst, sondern auch das Umfeld von der Frage nach Umgangs- und Behandlungsmöglichkeiten betroffen. Wie bei kaum einer anderen psychischen Störung wird dabei so kontrovers diskutiert, wie z. B. die Behandlung tatsächlich aussehen sollte, wie Lehrkräfte im Schulalltag das Verhalten steuern könnten, oder die Störung an sich wird gar in Frage gestellt, da es sich nur um eine »Modediagnose« handle. Diese Diskussionen haben eine fast überbordende Anzahl an Studien und Forschung inspiriert, die Erkenntnisse sind in den letzten Jahrzehnten enorm gewachsen. So weiß man inzwischen, dass die ADHS keine ausschließliche Störung des Kindes- und Jugendalters ist, sondern sie häufig bis ins Erwachsenenalter erhalten bleibt und auch hier noch ein hoher Behandlungsbedarf bestehen kann.

Im Folgenden sollen zunächst aktuelle Theorien zur Entstehung einer ADHS dargestellt und erläutert werden. Dies soll dazu verhelfen, den sinnvollen Einsatz der in den späteren Kapiteln vorgeschlagenen Behandlungen und Umgangsweisen mit Betroffenen nachvollziehen zu können.

Weitere Themen wie spezifische Erscheinungsbilder, Möglichkeiten der Intervention und Förderung sowie der Prävention werden in den folgenden Kapiteln zu den verschiedenen Altersabschnitten behandelt.

1 Was ist eigentlich »ADHS«?

Martina Ruhmland und Hanna Christiansen

Das Phänomen »ADHS« wird seit Jahrzehnten beschrieben, die Beschäftigung mit sehr unruhigen Kindern, die die Aufmerksamkeit nicht halten können, ist in der Medizin allerdings schon deutlich älter. So spricht z. B. der Psychiater Wilhelm Griesinger bereits 1845 davon, dass Kinder, die keine Ruhe hielten und keine Aufmerksamkeit zeigten, unter einer gestörten Reaktion des Zentralorgans auf die einwirkenden Reize litten (Griesinger, 1861). Während in den folgenden Jahrzehnte über die Ursachen vielfältig diskutiert wurde, ist die Beschreibung des Verhaltens und der Symptomatik eines hyperaktiven Kindes seit damals unverändert. Einen guten Überblick über die historische Entwicklung der Beschäftigung mit dem Störungsbild gibt der Medizinhistoriker Eduard Seidler im Deutschen Ärzteblatt (Seidler, 2004).

»ADHS« ist die inzwischen in Deutschland etablierte Abkürzung für den Begriff der Aufmerksamkeitsdefizit-/Hyperaktivitätsstörung und steht vor allem für ein klinisches Erscheinungsbild mit erheblichen Schwierigkeiten im Halten der Aufmerksamkeit, mit impulsivem Handeln (plötzlich, ohne zu überlegen oder abzuwarten) und überschießender motorischer Aktivität. Zu diesen als »Kernsymptomatik« bezeichneten Verhaltensweisen gesellen sich oft weitere als problematisch angesehene Auffälligkeiten wie aggressives oder aufsässiges Verhalten. Andererseits kann die Aufmerksamkeitsstörung zentral erscheinen, während kaum oder keine Hyperaktivität oder Impulsivität vorliegt. Entsprechend vielfältig sind auch die Bezeichnungen des Phänomens ADHS: Einfache Aufmerksamkeits- und Aktivitätsstörung, Hyperkinetische Störung des Sozialverhaltens oder Aufmerksamkeitsdefizit ohne Hyperaktivität.

Während unstrittig ist, dass es Menschen gibt, die eine mehr oder weniger ausgeprägte gestörte Aufmerksamkeit, motorische Aktivität oder

1 Was ist eigentlich »ADHS«?

Impulsivität zeigen, wird in Deutschland immer wieder diskutiert (in den Medien, aber auch in Buchveröffentlichungen), ob es sich bei ADHS überhaupt um ein klinisch relevantes, also auch behandlungsbedürftiges Störungsbild handelt. In internationalen wissenschaftlichen Fachkreisen herrscht dagegen Einigkeit darüber, dass es bei extremen Ausprägungen in diesen Verhaltensbereichen zu großen Problemen im Aufwachsen und der Lebensführung kommen kann und Betroffene Hilfestellung und Unterstützung brauchen, um negativen Verläufen entgegenzuwirken.

> **Schon gewusst?**
>
>
>
> *Was ist »Aufmerksamkeit«?*
> Der Begriff »Aufmerksamkeit« beschreibt verschiedene Formen der Selektivität, also der Auswahl von Informationen aus unserer Umwelt: Zu einem bestimmten Zeitpunkt wird vom Menschen nur ein Teil der aktuell verfügbaren Informationen verarbeitet und damit unserem Bewusstsein zugänglich (vgl. Ansorge & Leder, 2017).
>
> Diese Auswahl ist zum einen darin begründet, dass unser Geist nur ein begrenztes Fassungsvermögen hat und nicht unbegrenzt Informationen verarbeiten kann, zum anderen verhilft sie uns dazu, gezielt handeln zu können. Damit ein Mensch einen Apfel vom Baum pflücken kann, muss zunächst ein bestimmter unter den vielen dort hängenden ausgewählt (selegiert) werden. Da wir nur über zwei Hände verfügen, muss die genaue Position und Größe bestimmt werden, damit der Apfel auch erfolgreich gepflückt werden kann (Beispiel nach Allport, 1987).
>
> Unsere Aufmerksamkeit dient also der Auswahl bestimmter Informationen (wobei andere störende Informationen ignoriert werden), um sie als Grundlage zu weiteren Handlungen nutzen zu können.
>
> Auch zum Aufbau unseres Wissens brauchen wir Aufmerksamkeit: Lernen basiert u. a. darauf, dass wir unsere Aufmerksamkeit auf wichtige oder neue Informationen richten, die dann aktiv verarbeitet und dem Gedächtnis zugänglich gemacht werden. Ohne fokussierte Aufmerksamkeit verschwinden Informationen sehr häufig (vgl. Baddeley, 2001).

> Bei Patient:innen mit ADHS scheint die Schwelle, ab der eine gerichtete Selektion von Informationen zum Handeln führt, geringer zu sein: Zum einen haben sie große Probleme darin, gezielt auf bestimmte Reize zu reagieren, zum anderen zeigen sie Schwierigkeiten dabei, die Reaktion auf andere Reize willentlich zu unterdrücken (relevante Informationen können nur schwer von nicht relevanten unterschieden werden).

Seit mehr als drei Jahrzehnten wird intensiv zu den Ursachen von ADHS geforscht und eine breite Datenbasis zu Risikofaktoren durch Vererbung und Umwelt sowie zu neuropsychologischen und biologischen Besonderheiten liegt inzwischen vor. Dennoch gibt es bislang kein vollständiges und umfassendes Verständnis der Störung. Sicher ist, dass es keinen einfachen Verursachungsfaktor gibt und dass das Zusammenspiel mehrerer Faktoren in unterschiedlichen Entwicklungsphasen eine Rolle zu spielen scheint.

Die folgenden kurzen Erläuterungen bieten eine Zusammenfassung der inzwischen vorliegenden Erkenntnisse aus genetischen, psychologischen und neuropsychologischen Untersuchungen, die dann in aktuellen Modellen und Theorien zur Entstehung der ADHS integriert werden.

1.1 Theorien zur Entstehung

Das Auftreten einer ADHS wird vermutlich durch ein Zusammenspiel biologischer und psychosozialer Faktoren hervorgerufen (z. B. Banaschewski et al., 2004; Nigg, 2006).

Die ADHS wird dabei als eine Störung verstanden, deren sichtbare Symptome (eben Unaufmerksamkeit, verringerte Impulssteuerung und motorische Unruhe) sich durch verringerte selbstregulative Fähigkeiten erklären lassen. Eine gut funktionierende Selbstregulation bedeutet, dass man die eigenen Gedanken, Gefühle und Handlungen regulieren, also steuern kann. So ist man in der Lage, tagtäglich (auch langfristige) Ziele im Blick zu behalten und sich auf Handlungen zu konzentrieren, die einen diese Ziele erreichen lassen.

> **Definition Selbstregulation**
>
>
>
> Selbstregulation meint die Tatsache, dass Menschen in der Lage sind, eigenes Verhalten im Hinblick auf selbst gesetzte Ziele zu steuern (Reinecker, 2014).

Ein berühmtes Experiment aus der Entwicklungspsychologie veranschaulicht die Selbstregulationsfähigkeit bei Kindern im Vorschulalter. Diesen wurden in einer Einzelsitzung begehrte Süßigkeiten, z. B. Marshmallows, auf einem Teller dargeboten. Der Versuchsleiter verließ den Raum mit dem Hinweis, dass sie das Doppelte erhalten, wenn sie es schaffen, die Süßigkeit nicht zu essen, bis er wieder in den Raum zurückkehrt (Mischel, 2015). Dieser in vielen Varianten wiederholte Versuch zeigt, dass Kinder unabhängig von ihrer Intelligenz, sozialen Herkunft oder anderem unterschiedlich in der Lage sind, abzuwarten (»Belohnungsaufschub«), und dass sie auch unterschiedliche Strategien anwenden, um ein gesetztes Ziel (z. B. es zu schaffen, nichts zu essen) zu erreichen. Strategien, die für eine gute Selbstregulation genutzt werden, sind z. B. die Organisation und Speicherung von Informationen (z. B. die Information, dass es doppelt so viele Süßigkeiten gibt, wenn man abwartet) sowie der Einsatz selbstwertdienlicher Überzeugungen (»ich weiß, dass ich das schaffen kann«), Zeitmanagement (z. B. auch ablenkendes Singen, um die Zeit zu überbrücken) und die Reflexion über das eigene Denken und Handeln.

Ein mit der Fähigkeit zur Selbstregulation eng verknüpftes Konzept ist das der »Exekutiven Funktionen«. Damit werden in der Psychologie Funktionen des Gehirns beschrieben, die als Grundlage zur Selbstregulation benötigt werden: So werden die exekutiven Funktionen unterteilt in die Fähigkeit zur Inhibition (Unterdrückung von Verhalten, das in diesem Moment nicht hilfreich oder angebracht wäre), die Fähigkeit zum flexiblen Wechseln von Aufgaben (Beenden einer Verhaltensweise, um etwas anderes zu tun) sowie dem Aktualisieren von Gedächtnisinhalten (Miyake et al., 2000).

Alle diese Funktionen werden mit einer bestimmten Region unseres Gehirns, dem präfrontalen Cortex (dem Teil der Gehirnrinde, der im Bereich der Stirn verortet ist) in Zusammenhang gebracht. Viele der Auffälligkeiten von Patienten mit ADHS lassen sich mit Funktionen des präfrontalen Cortex in Verbindung bringen: Defizite in der Aufmerksamkeitssteuerung, des Arbeitsgedächtnisses, der Verhaltenshemmung und der flexiblen Verhaltensplanung (Wilcutt et al., 2005; Burgess et al., 2010).

Modell nach Barkley

Diese Phänomene zusammenfassend wurde von Barkley ein Erklärungsmodell der ADHS vorgeschlagen, das diese neuropsychologischen Defizite im präfrontalen Cortex als zentral ansieht (u. a. 1997, S. 73). Danach führt ein durch diese Gehirnregion gesteuerter unzulänglich ausgeprägter Mechanismus zur Hemmung zu Defiziten in den oben beschriebenen exekutiven Funktionen, was wiederum die Qualität interner Handlungskontrolle und -planung beeinträchtigt, wodurch in der Folge eine angepasste Verhaltenssteuerung unmöglich und ADHS-typisches Verhalten gezeigt wird (▶ Abb. 1.1).

1 Was ist eigentlich »ADHS«?

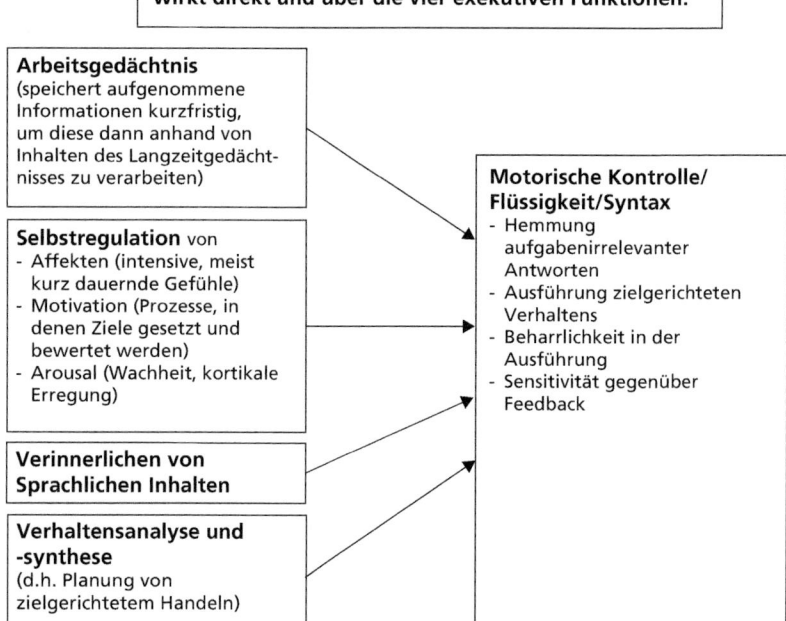

Abb. 1.1: Modell der mangelnden Verhaltenshemmung

Dual-Pathway-Modell nach Sonuga-Barke

Da dieses Modell aber nicht die bei vielen Patient:innen mit ADHS auftretenden Auffälligkeiten in motivationalen Prozessen erklären konnte, wurde von Sonuga-Barke (2002) das sogenannte Dual-Pathway Modell entwickelt (▶ Abb. 1.2). Er nimmt an, dass es neben der Störung von exekutiven Funktionen und einer damit einhergehenden Störung der Verhaltenshemmung einen zweiten Pfad der Verursachung von ADHS-Symptomen gibt.

Ein vielfach gesicherter Befund in der Untersuchung von Kindern mit ADHS ist, dass diese schnelle, dafür aber kleinere Belohnungen für ein erwartetes Verhalten gegenüber späteren, größeren Belohnungen bevorzugen (s. o. »Marshmallow-Test«). Wenn die Kinder nicht die Möglichkeit haben, der für sie unangenehmen Verzögerung zu entgehen, zeigen sie typischerweise hyperaktives Verhalten, was von Forschenden so interpretiert wird, dass sie hiermit das unangenehme Gefühl beim Verstreichen einer längeren und für sie langweiligen Zeitperiode reduzieren (Antrop et al.,2000; Sonuga-Barke, 2002).

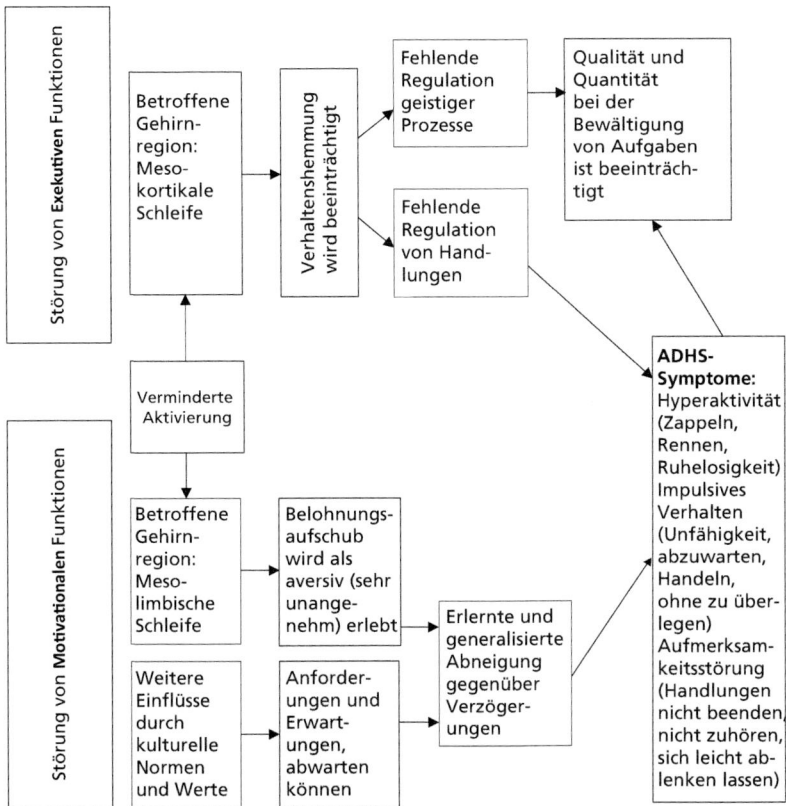

Abb. 1.2: Dual-Pathway-Modell der ADHS, modifiziert nach Sonuga-Barke (2002, S. 32)

Dafür könnte eine grundlegende Veränderung der Belohnungsmechanismen im Gehirn die Ursache sein; die Kernsymptomatik der ADHS wäre demnach Ausdruck der Motivation, als unangenehm erlebte Verzögerungen zu verhindern.

Untersuchungen, die diese zwei möglichen Wege der Verursachung einer ADHS-Symptomatik überprüften, konnten tatsächlich nachweisen, dass die beiden angenommenen Pfade unabhängig voneinander auf neuropsychologischer Ebene basieren (Dalen et al., 2004).

Biopsychosoziales Modell nach Döpfner, Banaschewski und Sonuga-Barke

Die beiden oben beschriebenen Modelle basieren vor allem auf Befunden, dass ADHS zu einem erheblichen Anteil vererbt wird und man inzwischen davon ausgeht, dass eine Vielzahl von Genen mit jeweils kleinem Beitrag zu einer geschätzten Erblichkeit von ca. 75 % beiträgt (Faraone et al., 2005). Insgesamt zeigt sich die ADHS-Symptomatik dabei als ausgesprochen heterogen und man geht davon aus, dass es keine »einfachen« Wege der genetischen Verursachung gibt. Wie bei vielen anderen psychischen Störungen auch wird bei der ADHS angenommen, dass psychosoziale Faktoren Einfluss auf die Ausprägung und den Verlauf haben.

Döpfner et al. (2008) haben dies in ihrem Modell sehr anschaulich zusammengefasst. Sie gehen dabei von gesicherten biologischen Faktoren aus (genetische Disposition), die über einen veränderten Neurotransmitterstoffwechsel zu den oben beschriebenen exekutiven und motivationalen Störungen führen. Auf der Verhaltensebene führen sie zu den drei zentralen Kernsymptomen der ADHS: Unaufmerksamkeit, Hyperaktivität und Impulsivität. Diese wiederum haben einen Einfluss auf die Interaktion mit den unmittelbaren Bezugspersonen, die in Kombination mit ungünstigen psychosozialen Bedingungen (wie z. B. geringer sozioökonomischer Status, Konflikte durch Trennung, elterliche Belastung) den Schweregrad und Verlauf der Symptomatik negativ beeinflussen können. Bei positiven psychosozialen Bedingungen wiederum ist die Möglichkeit der positiven Einwirkung gegeben.

1.2 ADHS als Entwicklungsstörung

Neben den oben beschriebenen Unterscheidungen in neuropsychologischen Besonderheiten bei ADHS kann auch davon ausgegangen werden, dass im Entwicklungsverlauf Prozesse multipel miteinander wirken. So hat sich z. B. in der über Jahre hinweg begleitenden Untersuchung von Kindern mit ADHS herausgestellt, dass die beschriebene Hauptsymptomatik aus Unaufmerksamkeit, motorischer Unruhe und Impulsivität starken Schwankungen unterliegt. Es handelt sich also nicht um eine statische oder fixe Störung, sondern um eine Störung mit ausgesprochen heterogenen Entwicklungsverläufen, die in unterschiedliche Gruppen eingeteilt werden können. Das Interessante an dieser Einteilung nach charakteristischem Verlauf ist, dass hier versucht werden kann, an spezifischen Entwicklungspfaden anzusetzen, um spezifische Behandlungen und Hilfen zu initiieren.

Im Einzelnen lassen sich folgende vier Gruppen unterscheiden (Sonuga-Barke & Halperin, 2010):
Typ I: Frühe, eher milde ADHS-Symptome, die einen Risikofaktor für die Entwicklung oppositioneller Störungen darstellen; ein strenger/negativer elterlicher Erziehungsstil nimmt dabei Einfluss auf die weitere Entwicklung der Störung.
Typ II: Frühe, eher milde ADHS-Symptome entwickeln sich langfristig zu bedeutsamer (behandlungsbedürftiger) Symptomatik, entweder durch den Einfluss von genetischen oder Umweltfaktoren oder aufgrund von Veränderungen des Umfelds (z. B. wenn das Kind in die Schule kommt).
Typ III: Frühe, ausgeprägte ADHS-Symptome entwickeln sich aufgrund schützender Faktoren, wie z. B. strukturiertes, hilfreiches Erziehungsverhalten/strukturierte Schule, klare Regeln und Grenzen nicht weiter negativ, sodass es zu einer Unterbrechung der Störungsentwicklung kommt.
Typ IV: Frühe, chronische Symptome bestehen bereits seit dem Kindergartenalter und gehen mit temperamentsbasierten Schwierigkeiten der Emotionsregulation einher, wodurch negatives elterliches Erziehungsverhalten verstärkt wird, was wiederum zu einer weiteren Verschlechterung der Symptomatik führt.

> **Schon gewusst?**
>
> *Was sind »Schutzfaktoren« – was sind »Risikofaktoren«?*
> ADHS bildet sich über verschiedene Entwicklungspfade im Verlauf von Kindheit und Jugend aus. Innerhalb dieser Entwicklung bestehen diverse Einflussmöglichkeiten. Diese können negativ sein, also damit verbunden, dass sich die Wahrscheinlichkeit der Entwicklung einer Symptomatik verstärkt. Dann spricht man von »Risikofaktoren«. Werden die Risiken durch bestimmte Faktoren abgemildert, sodass die Entwicklung eventuell sogar verhindert wird, spricht man von »Schutzfaktoren«.
> Dieses Modell von Risikofaktoren und Schutzfaktoren wird nicht nur in Bezug auf ADHS angenommen, sondern letztlich für die Entwicklung aller psychischen Störungen.

1.3 Diagnostik

Die ICD-10 und auch das DSM-5 unterscheiden die drei Kernsymptome Unaufmerksamkeit, Hyperaktivität und Impulsivität. Diese müssen situationsübergreifend auftreten (z. B. zu Hause und in der Schule/im Kindergarten) und sich vor dem 7. (ICD-10, WHO, 2004) bzw. 12. Lebensjahr (DSM-5, APA 2013) manifestieren. Wenn über mindestens sechs Monate mindestens sechs Unaufmerksamkeits-, drei Überaktivitätssymptome und ein Impulsivitätssymptom in einem mit dem Entwicklungsstand des Kindes nicht zu vereinbarenden, unangemessenen und klinisch beeinträchtigenden Ausmaß auftreten, wird die einfache Aktivitäts- und Aufmerksamkeitsstörung nach ICD-10 (F90.0) klassifiziert. Liegen komorbide Störungen des Sozialverhaltens vor, wird eine hyperkinetische Störung des Sozialverhaltens vergeben (F90.1).

Analog müssen im DSM-5 ebenfalls mindestens sechs von neun Unaufmerksamkeits- (UA) bzw. Hyperaktivitäts-/Impulsivitätssymptomen

(HI) erfüllt sein, um die kombinierte Erscheinungsform zu diagnostizieren (≥ 6 UA- + ≥ 6 HI-Symptome erfüllt). Für die vorwiegend unaufmerksame (≥ 6 UA-, ≤ 5 HI-Symptome) bzw. vorwiegend hyperaktiv-impulsive (≥ 6 HI-, ≤ 5 UA Symptome) Erscheinungsform müssen aus dem jeweiligen Hauptsymptombereich mindestens sechs Kriterien erfüllt sein, aus den anderen Bereichen können weniger oder auch keine Symptome vorliegen. Autismus-Spektrum-Störungen sind nach der Aktualisierung im DSM-5 kein Ausschlusskriterium mehr; für das ICD-11 ist eine analoge Anpassung zu erwarten. Nach DSM-5 können ab dem 17. Lebensjahr statt mindestens sechs Symptomen nur fünf für die Diagnosestellung aus den Bereichen Unaufmerksamkeit und Hyperaktivität/Impulsivität vorliegen. Im DSM-5 wurden Umformulierungen der Items vorgenommen, um die Symptomatik im Jugend- und Erwachsenenalter adäquater zu erfassen. Im Erwachsenenalter oder auch bei älteren Jugendlichen kann sich die Überaktivität auf ein subjektives Unruhegefühl beschränken.

Diagnostik in den verschiedenen Lebensphasen

Zur Diagnostik der ADHS liegen verschiedene Leitlinien vor (American Academy of Child and Adolescent Psychiatry, 2007; Taylor et al., 2004; Village, 2011). Gemeinsam ist diesen die Verwendung unterschiedlicher Methoden und Informationsquellen, die eine standardisierte Diagnostik aus Verhaltensbeobachtungen, Eltern- und Lehrkraftfragebogen, strukturierten Interviews sowie eine somatische Befunderhebung empfehlen – für Kinder, Jugendliche und Erwachsene. Die NICE-Leitlinien (https://www.nice.org.uk/guidance/cg72; Zusammenfassung: Atkinson & Hollis, 2010) spezifizieren folgende diagnostische Empfehlungen:

- Eine Diagnose sollte von Expert:innen vorgenommen werden (z. B. Psychiater:innen, Pädiater:innen oder Spezialist:innen mit Ausbildung und Expertise im Bereich der ADHS).
- Da ADHS in allen Altersgruppen vorkommen kann, sind die Symptomkriterien altersangepasst anzuwenden.
- Für eine Diagnose sind Fragebogenverfahren nicht ausreichend. Eine Diagnose sollte auf einer klinisch-psychologischen Einschätzung ba-

sieren, mit vollständiger Anamnese, Selbst- und Fremdurteilen (von Eltern und Lehrkräften/Erzieher:innen), der Erfassung komorbider Störungen, möglicher elterlicher Erkrankungen sowie der Einschätzung der intellektuellen Fähigkeiten.
- Nur wenn die Diagnosekriterien nach DSM oder ICD erfüllt und mindestens moderate anhaltende Beeinträchtigungen gegeben sind, die in verschiedenen Lebensbereichen auftreten, darf die Diagnose vergeben werden.

Kritik dieser Empfehlungen ergibt sich aufgrund der Subjektivität von Selbst- und Fremdbeurteilungen sowie der Anfälligkeit für Verzerrungen bei klinischen Interviews (Edwards et al., 2007). Die Neigung zu heuristischen Urteilen zeigt sich eindrucksvoll in der Studie von Bruchmüller, Margraf und Schneider (2012). Für diese wurden 1.000 zufällig ausgewählten niedergelassenen Kinder- und Jugendlichenpsychotherapeut:innen/-psychiater:innen vier Fallvignetten zu einem Jungen, Leo, bzw. Mädchen, Lea, zugeschickt (Bruchmüller, Margraf & Schneider, 2012; Bruchmüller & Schneider, 2012). In der ersten Vignette waren alle ADHS-Kriterien erfüllt; in der zweiten fehlten die Kriterien des situationsübergreifenden Auftretens und des Ersterkrankungsalters vor dem 7. Lebensjahr; in der dritten zusätzlich weitere ADHS-Symptome und die vierte Vignette beschrieb die Generalisierte Angststörung des Kindesalters (GAS). Nach der ersten Vignette wurden 80 % der Mädchen und 77 % der Jungen richtig klassifiziert; 20 % der Mädchen und 23 % der Jungen wurden nicht richtig als krank erkannt. In der zweiten Vignette erhielten 11 % der Mädchen und 20 % der Jungen eine falsch positiv Diagnose; in der dritten Vignette 9 % der Mädchen und 20 % der Jungen und in der vierten Vignette (GAS) immer noch 13 % der Mädchen und 18 % der Jungen. Die falsch-positiv-Rate für die Jungen überstieg die falsch-negativ-Rate für Mädchen signifikant, was ein Hinweis auf eine Überdiagnostizierung der Jungen ist. In einer Replikationsstudie konnten diese Ergebnisse für den Iran, einen anderen kulturellen Kontext, repliziert werden (Beheshti et al., 2021).

Schon gewusst?

Was sind »Behandlungsleitlinien«?
Behandlungsleitlinien fassen Empfehlungen zur Diagnostik (also Feststellungen zum Vorhandensein relevanter Informationen) und zur Behandlung von Erkrankungen zusammen. Sie richten sich an alle relevanten Berufsgruppen und sollen dazu beitragen, dass Patient:innen eine auf aktueller wissenschaftlicher Basis fußende, angemessene Behandlung erhalten. Da sich wissenschaftliche Erkenntnisse stets weiterentwickeln, werden die bestehenden Leitlinien in regelmäßigen Abständen überarbeitet.

In Deutschland koordiniert die Arbeitsgemeinschaft der Wissenschaftlichen Medizinischen Fachgesellschaften (AWMF) diese Leitlinien-Entwicklung.

Hierfür wird zunächst eine Leitlinienkommission gebildet, in der alle für die betreffende Erkrankung wichtigen Berufsgruppen vertreten sind. In der Kommission wird das aktuelle Wissen zusammengetragen und bewertet, wobei unterschiedliche Sichtweisen und Einschätzungen diskutiert und in der dann erstellten Leitlinie berücksichtigt werden sollen (»strukturierte Konsensfindung«).

Auch das Alter kann zur Überdiagnostizierung beitragen. Die Studien von Elder (2010), Evans et al. (2010), Morrow et al. (2012) und Wuppermann et al. (2015) zeigen, dass die jüngsten Kinder einer Schulklasse im Vergleich zu den ältesten bis zu dreimal so hohe Raten an ADHS-Diagnosen und Methylphenidatverschreibungen aufweisen (z. B. ist der Einschulungsstichtag der 1. Januar, d. h. alle Kinder, die bis zum 31. Dezember geboren wurden, müssen in dem Schuljahr eingeschult werden, wohingegen die Kinder, die ab dem 1. Januar geboren wurden, erst ein Jahr später eingeschult werden) (Elder, 2010; Evans, Morrill & Parente, 2010; Morrow et al., 2012, Wuppermann et al., 2015). Wahrscheinlich hängt dieser Befund mit der insgesamt hohen Varianz in der Entwicklung von (Vor-)Schulkindern zusammen. Eine Replikationsstudie mit dem Quantified Behavior Test bestätigt diese Annahme, da in dieser Studie kein Unterschied zwischen den jüngsten und ältesten Kindern eines Jahrgangs in der ADHS-Symptomatik vorlag, wenn Alters- und Geschlechtsnormen zugrunde gelegt werden (Ulberstad & Boström, 2018). Eine frühe und korrekte Identifikation von Verhaltensproblemen ist die beste Möglichkeit, um pathologische Entwicklungen aufzuhalten. Aufgrund dessen sollten diagnostische Verfahren sowohl Entwicklungsmeilensteine als auch mögliche Verhaltensauffälligkeiten erheben, um letztere vor dem Hintergrund der allgemeinen Entwicklung einschätzen zu können. Alters- und Geschlechtsnormen sollten zur Einschätzung herangezogen werden.

Für Kinder zwischen zwei und 6,6 Jahren liegen die Conners Early Childhood Scales vor, die sowohl die Entwicklungsmeilensteine als auch Verhaltensauffälligkeiten erfassen (Conners-EC; Conners, 2009; dt. Adaptation Harbarth, Steinmayr, Neidhardt & Christiansen, 2018). Eltern- (190 Items) und Erzieher:innenurteil (186) erfassen soziale Beeinträchtigungen, Verhaltens- und emotionale Probleme sowie Entwicklungsmeilensteine. Die verschiedenen Entwicklungsbereiche (adaptive, motorische und prä-akademische/kognitive Fähigkeiten, Kommunikation, Spielverhalten) korrelieren untereinander hoch (.70–.89, $p < .05$) und Verzögerungen in einem Bereich gehen folglich mit Verzögerungen in weiteren Bereichen hochwahrscheinlich einher. Weiter zeigen sich kleine bis moderate Korrelationen zwischen den verschiedenen Entwicklungsmeilensteinen und der Skala Unaufmerksamkeit/Hyperaktivität (.25–.33, $p < .05$); ein Hinweis dafür, dass Verzögerungen in der Entwicklung mit ADHS-typischen Verhaltensauffälligkeiten zusammenhängen können (Harbarth, Steinmayr, Neidhardt & Christiansen, 2018). Dieser Zusammenhang zeigt sich auch in der deutschen Adaptationsstudie (Entwicklungsmeilensteine und Unaufmerksamkeit/Hyperaktivität im Erzieherurteil = .64, $p < .001$; Elternurteil = .23, $p < .001$). Prospektive Längsschnittstudien, die Verhaltensauffälligkeiten unter der Berücksichtigung der Entwicklungsmeilensteine über die Zeit untersuchen und damit Aufschluss über mögliche Zusammenhänge geben können, fehlen allerdings.

Da Mädchen ab dem 12. Lebensjahr über höhere Problemwerte berichten und Mütter Jungen unter zwölf Jahren als auffälliger einschätzen (Kan et al., 2013) und es starke Schwankungen in den Symptomen über die Zeit gibt (Lahey & Willcutt, 2010; Rabiner et al., 2010) sowie Geschlecht, Ethnizität und der sozio-ökonomische Status (SÖS) die Symptombeurteilungen beeinflussen (Huss et al., 2008), kann eine ergänzende Diagnostik mit objektiven Verfahren hilfreich sein, wie sie z. B. neuropsychologische Testverfahren ermöglichen (Hasson & Fine, 2012).

Diagnostik im Erwachsenenalter

Für das Erwachsenenalter liegen ähnliche diagnostische Empfehlungen wie die oben ausgeführten vor (review Haavik, Halmøy, Lundervold & Fasmer, 2010). Das European Consensus Statement zur Diagnostik und Therapie adulter ADHS (Kooij et al., 2010) empfiehlt folgenden Gold-Standard:

1. Einsatz spezifischer klinischer Interviews und Erfassung komorbider Achse I und II Störungen
2. Verwendung standardisierter Fragebögen zur Erfassung adulter ADHS-Symptome
3. Begutachtung von Schul- und Arbeitszeugnissen
4. neuropsychologische Diagnostik

In einer Studie zur Diagnostik der adulten ADHS konnten wir zeigen, dass 27,6 % der Patient:innen unter dem cut-off-Wert des Amsterdamer Kurzzeitgedächtnis-Tests (AKGT) lagen. Der AKGT wird verwendet, um das Vortäuschen von Symptomen zu überprüfen (Schmand & Lindeboom, 2005). In dieser Studie korrelierte der AKGT nicht mit den Validitätsskalen der Conners Adult ADHD Rating Skalen, sondern es zeigten sich signifikante Zusammenhänge mit den neuropsychologischen Markern Daueraufmerksamkeit und geteilte Aufmerksamkeit (Hirsch und Christiansen, 2015).

Tabelle 1.1 führt verschiedene Verfahren zur Diagnostik der ADHS auf. Es werden zunächst strukturierte klinische Interviewverfahren aufgeführt, die der Gold-Standard zur Erfassung der ADHS und weiterer psychischer Störungen sind, da systematisch die Kriterien nach ICD oder DSM erfasst werden und zudem das klinische Urteil für die Diagnose herangezogen wird. Weiter werden verschiedene Fragebogenverfahren exemplarisch angeführt (u. a. die Familie der Conners-Skalen, Skalen des

1 Was ist eigentlich »ADHS«?

DISYPS-III), die zur vertieften Diagnostik eingesetzt werden sollten und Einschätzungen im Selbst-, Eltern- und Lehrkraft- bzw. Fremdurteil vorsehen. Abschließend werden zwei neuropsychologische Verfahren aufgeführt – der Quantified Behavior Test, der die drei Kernsymptome Unaufmerksamkeit, Hyperaktivität und Impulsivität objektiv erfasst und für die Altersgruppe sechs bis 65+ angewendet werden kann, und der Amsterdamer Kurzzeitgedächtnistest, der das Vortäuschen von Symptomen erfasst (siehe dazu auch Hirsch und Christiansen, 2015).

Tab. 1.1: Diagnostische Verfahren

	Verfahren	Beschreibung	Altersbereich	Versionen
Strukturierte Klinische Interviews	Kinder-DIPS	Das Kinder-DIPS liegt als Open Access Verfahren vor. Es können Diagnosen psychischer Störungen des Kindes- und Jugendalters nach DSM-5 und ICD-10 zuverlässig gestellt werden. Wichtige Informationen für die Planung und Durchführung psychotherapeutischer Interventionen werden strukturiert ermittelt. Die Interviewleitfäden (Eltern- und Kindversion) des Kinder-DIPS Open Access leiten Interviewer:innen durch die diagnostischen Gespräche mit Eltern und Kind. Im Anschluss an die Interviews bietet das Kinder-DIPS Open Access die Möglichkeit einer umfassenden Dokumentation der allgemeinen Anamnese sowie der sozialen Beurteilung. Die ebenfalls enthaltenen Protokollbögen erlauben schließlich die übersichtliche Dokumentation der erhobenen Symptomatik sowie eine detaillierte Zuordnung zu DSM-5-Kriterien. https://omp.ub.rub.de/index.php/RUB/catalog/book/101	Ab dem Grundschulalter	Eltern- und Kindversion

Tab. 1.1: Diagnostische Verfahren – Fortsetzung

Verfahren	Beschreibung	Altersbereich	Versionen
K-SADS	Das K-SADS ist ein semistrukturiertes diagnostisches Interview, das für die Erfassung gegenwärtiger und zurückliegender Episoden psychischer Störungen bei Kindern und Heranwachsenden nach DSM-III-R und DSM-IV entwickelt wurde. Für die Symptomerfassung werden vorformulierte fakultative Fragen und obligatorisch zu erfassende Symptomkriterien vorgegeben.	6–18 Jahre	Eltern- und Kindversion
DIVA	Das Diagnostische Interview für ADHS bei Erwachsenen (DIVA) basiert auf den DSM-5 Kriterien und ist ein strukturiertes Interview für ADHS im Erwachsenenalter. Um die Beurteilung der DSM-Kriterien im Kindes- und Jugendalter zu vereinfachen, enthält das Interview konkrete und realistische Beispiele zum aktuellen Verhalten und dem Verhalten in der Kindheit. Zusätzlich werden Beispiele charakteristischer Funktionsbeeinträchtigungen aus fünf Alltagsbereichen gegeben, die mit ADHS-Symptomen zusammenhängen: Arbeit und Ausbildung, Beziehungen und Familienleben, soziale Kontakte, Freizeit und Hobby, Selbstvertrauen und Selbstbild.	Ab 18 Jahren	Klinisches Expert:innenurteil
Fragebogen — Conners Early Childhood Skalen (Conners EC™)	Die Conners EC™ sind ein klinisches Fragebogenverfahren zur Erfassung von klinisch-psychologischen Verhaltensproblemen und Entwicklungsmeilensteinen im Vorschulalter. Die Inhaltsskalen geben einen Überblick über das Verhalten des Kindes hinsichtlich häufig auftretender Verhal-	2–6,6 Jahre	Eltern- und Erzieher:innenurteil

1 Was ist eigentlich »ADHS«?

Tab. 1.1: Diagnostische Verfahren – Fortsetzung

Verfahren	Beschreibung	Altersbereich	Versionen
	tensauffälligkeiten (Unaufmerksamkeit/Hyperaktivität, Feindseliges/Aggressives Verhalten, Soziales Funktionsniveau/Atypisches Verhalten, Ängstlichkeit, Stimmung und Affekt, Physische Symptome wie Schmerzen und Schlafprobleme). Die Skalen zu den Entwicklungsmeilensteinen geben einen Überblick über adaptive, kommunikative, motorische und vorschulische Fertigkeiten sowie das Spielverhalten. Die Validitätsskalen erlauben eine Überprüfung der Antwortmuster des/der Beurteilenden hinsichtlich Inkonsistenz und Verzerrungstendenzen. Zusätzlich sind Screener-Fragen zu weiteren Störungen wie PTSD, Tic-Störungen, Selbstverletzendes Verhalten, Pica, Trichotillomanie sowie Fragen zu Beeinträchtigungen enthalten.		
Conners-3 zur Erfassung von ADHS, komorbiden Störungen des Sozialverhaltens/Oppositionelle Störungen	Bei den Conners-Skalen handelt es sich um Selbst- und Fremdeinschätzungsfragebögen zur Beschreibung und Abklärung einer ADHS und möglicher komorbider Störungen.	6–18 Jahre	Eltern, Lehrkraft- und Selbsturteil
Conners Adult ADHD Rating	Die CAARS sind ein klinisches Fragebogenverfahren zur Beurteilung von Aufmerksamkeitsstörungen bei Erwachsenen. Die Inhaltsskalen (Un-	Ab 18 Jahren	Selbst- und Fremdurteil

Tab. 1.1: Diagnostische Verfahren – Fortsetzung

Verfahren	Beschreibung	Altersbereich	Versionen
Scales (CAARS)	aufmerksamkeit/Gedächtnisprobleme, Hyperaktivität/motorische Unruhe, Impulsivität/emotionale Labilität und Selbstkonzeptprobleme) erfassen die aktuelle adulte Symptomatik und beinhalten auch für das Erwachsenenalter spezifische Symptome und Einschränkungen. Die Items von drei weiteren Skalen erfragen die DSM-Kriterien der ADHS (Unaufmerksamkeitssymptome, Hyperaktivitäts-/Impulsivitätssymptome, Gesamtsymptomatik der ADHS).		
FBB-HKS	Der Fremdbeurteilungsbogen für Hyperkinetische Störungen ist Bestandteil des Diagnostik-Systems für Psychische Störungen im Kindes- und Jugendalter nach ICD-10 und DSM-IV (DISYPS-KJ). Er erfasst in 20 Items die Symptomkriterien nach ICD-10 und DSM-IV.		Eltern, Lehrkräfte und Erzieher:innen
Diagnose-Checkliste ADHS aus DISYPS-III	DISYPS-III ist die überarbeitete Version von DISYPS-II und dient der Erfassung der häufigsten psychischen Störungen bei Kindern und Jugendlichen im Alter von vier bis 18 Jahren (ADHS ab drei Jahren). Die Instrumente des DISYPS-II wurden aktualisiert und an DSM-5 angepasst. Zusätzlich wurden Instrumente für Trauma- und belastungsbezogene Störungen, Bindungs- und Beziehungsstörungen sowie Zwangs-Spektrum-Störungen entwickelt.	Kinder und Jugendliche im Alter von vier bis 18 Jahren (ADHS ab drei Jahren) in der Fremdbeurteilung und im Alter von elf bis 18 Jahren in der Selbstbeurteilung	Selbst- und Fremdurteil

1 Was ist eigentlich »ADHS«?

Tab. 1.1: Diagnostische Verfahren – Fortsetzung

	Verfahren	Beschreibung	Altersbereich	Versionen
Neuropsychologie	Quantified Behavior Test zur objektiven Erfassung der Kernsymptome Unaufmerksamkeit, Hyperaktivität und Impulsivität	Der QB-Test ist ein Testverfahren, das eine objektive Messung der Parameter Hyperaktivität, Aufmerksamkeit und Impulsivität ermöglicht.	Version für Kinder zwischen sechs und zwölf Jahren und Version für Patient:innen ab zwölf Jahren	Computergestütztes Testverfahren
	Amsterdamer Kurzzeitgedächtnistest	Jugendliche und Erwachsene mit Gedächtnis- und Konzentrationsstörungen. Der Test kann im Rahmen der Diagnostik dort einen Beitrag leisten, wo Patient:innen Gedächtnis- und Konzentrationsstörungen schildern, wo aber gleichzeitig die Möglichkeit in Betracht zu ziehen ist, dass die Beschwerden übertrieben oder vorgetäuscht werden.		Die Aufgaben werden computergestützt präsentiert, die Durchführung erfolgt durch die Testleitung

2 ADHS in der frühen Kindheit und im Vorschulalter

Martina Ruhmland

Die meisten Kinder, bei denen körperliche Unruhe oder Verträumtheit besonders auffällig sind, werden im Verlauf der Grundschulzeit auf ADHS hin untersucht und so werden in diesem Altersbereich auch die meisten Diagnosen vergeben. Das liegt zum einen daran, dass nun Anforderungen wie ruhiges Sitzen und Zuhören oder länger die Aufmerksamkeit zu halten an die Kinder gestellt werden. Das genau ist aber für Kinder mit ADHS besonders schwer zu erfüllen. Zum anderen fällt es im Vorschulalter und erst recht in der frühen Kindheit schwer, die Symptomatik verlässlich zu erfassen, da die zentralen Anzeichen der Störung wie Unaufmerksamkeit, Impulsivität und Hyperaktivität zu üblichen, also durchaus »normalen« Verhaltensweisen bei jüngeren Kindern zählen. Es ist nicht einfach, eine alterstypische von einer klinischen Ausprägung (also für die Diagnosestellung bedeutsamen) zu unterscheiden. Weiter sollte man vorsichtig sein, da eine so frühe Diagnosestellung auch zu einer Stigmatisierung beitragen kann. Das bedeutet, dass Kindern mit der Diagnose ADHS schon früh negative Eigenschaften zugeschrieben werden, was dazu führen kann, dass z. B. bei Eintritt in die Schule Lehrkräfte bei ihnen vermehrt Unaufmerksamkeit und problematisches Verhalten erwarten und so die schulische Laufbahn von Anfang an belastet wird.

Gleichzeitig gilt inzwischen auch als gesichert, dass Anzeichen für ADHS teilweise schon sehr früh auffallen und dass frühe Behandlungen bei nicht voll ausgeprägter Störung besonders wirksam sind (Sonuga-Barke & Halperin, 2010). Die Schätzungen zur Häufigkeit von ADHS im Vorschulalter liegen bei etwa 1,5 % (Huss, Hölling, Kurth & Schlack, 2008; Wichstrom et al., 2012), wobei Schätzungen von Auffälligkeiten im Sinne von Hinweisen auf ADHS von etwa 6 % der Kinder im Vorschulalter ausgehen (Kuschel et al., 2006).

Zusammengefast bedeutet das: Nicht alle Kinder, die in ihren ersten Lebensjahren sehr unaufmerksam, leicht abzulenken oder ausgesprochen motorisch aktiv sind, entwickeln tatsächlich im späteren Verlauf eine ADHS, aber bei einigen dieser Kinder sind dies schon erste Hinweise auf einen schwierigen Verlauf, den man bei frühzeitiger Begleitung und Intervention positiv beeinflussen kann.

Für eine frühzeitige, hilfreiche Intervention ist aus diesem Grund wesentlich, dass gerade in diesem frühen Alter eine umfassende Entwicklungsdiagnostik durchgeführt wird. Nur vor dem Hintergrund des allgemeinen Entwicklungsstandes sind Auffälligkeiten im Verhalten sinnvoll zu beurteilen. So kann ein Kind, das z. B. in seinem Sprachverständnis eingeschränkt ist, einer längeren Geschichte nicht aufmerksam zuhören, ohne dass jedoch eine Aufmerksamkeitsstörung vorliegen muss.

Fallgeschichte

Paul ist das erste Kind von Claudia (27 Jahre) und Markus (30 Jahre). Die beiden haben sich sehr über die Schwangerschaft gefreut und haben das Gefühl, nun zum richtigen Zeitpunkt in die Rolle als Eltern wachsen zu können.

Leider verläuft die Schwangerschaft nicht komplikationslos: Im 5. Monat leidet Claudia unter einer Nierenentzündung und da sie auf Penicillin allergisch reagiert, dauert die Suche nach einem Medikament zwei Wochen, in denen Claudia unter starken Schmerzen leidet. In späteren Ultraschalluntersuchungen des Fötus werden bei diesem zum Glück keine Schädigungen gefunden. Mit der Geburt wartet allerdings die nächste Krise. Sie wird aufgrund unregelmäßiger Herztöne des Kindes in der 42. Schwangerschaftswoche medikamentös eingeleitet und dauert insgesamt 24 Stunden, was für Claudia eine außerordentliche körperliche und seelische Belastung darstellt. Schon auf der Geburtsstation fällt der neugeborene Paul dadurch auf, dass er ausdauernd weint und sich nicht beruhigen lässt. Er ist körperlich fit und gesund, aber auch wenn alle äußeren Bedürfnisse durch Stillen und Wickeln befriedigt sind, weint er, ohne dass Nähe, Wiegen, Singen zur Beruhigung beitragen. Die Hebammen wissen auch nicht weiter und die jungen Eltern werden nach Hause entlassen.

Paul entwickelt sich in den nächsten Monaten körperlich sehr gut. Leider bleibt das Weinen, das sich zu regelrechten Schreiattacken auswächst, bestehen. Bis zu fünf Stunden können diese dauern. Hilfe wird den hilflosen Eltern damals nicht angeboten. Die Kinderärztin befindet, dass das Kind gesund sei, die Eltern sollten sich freuen und dankbar sein. Alles Weitere werde sich schon geben.

Tatsächlich werden das Weinen und Schreien in den nächsten Jahren immer weniger. Da Claudia und Markus arbeiten, geht Paul mit einem Jahr zu einer Tagesmutter, die fünf weitere Kleinkinder halbtags betreut. Hier treten erfreulicherweise keine Schwierigkeiten und Probleme auf.

Erst mit Eintritt in den Kindergarten werden die Auffälligkeiten im Umgang mit Paul wieder drängend: Die Eltern werden regelmäßig zu Gesprächen gebeten, da Paul sich nicht an Regeln halte, er nicht ruhig spielen oder malen könne und seine Frustrationstoleranz nicht altersgerecht entwickelt sei. Er störe die anderen Kinder, sei vorlaut und manchmal kaum zu bändigen. Claudia und Markus gehen mit Paul auf Anraten des Kindergartens zur Beratung in eine Erziehungsberatungsstelle, wo mit Spieltherapie versucht wird, die Konflikte in der Interaktion zu beheben. Paul fühlt sich in dieser Situation wohl, macht gerne mit und zeigt hier keinerlei Auffälligkeiten, weshalb nach drei Monaten keine weitere Beratung stattfindet.

2.1 Entwicklung der Symptomatik – Erscheinungsbild

Schon Säuglinge, bei denen später eine ADHS festgestellt wird, zeigen einen deutlich stärkeren Bewegungsdrang, bringen wenig Ausdauer beim ruhigen Betrachten von Dingen oder beim ruhigen Spielen auf und haben auch in der Regulation ihrer Emotionen deutlich größere Schwierigkeiten als andere. In der Kita wird den Kindern bescheinigt, »nicht frustrationstolerant« zu sein oder keine gute Feinmotorik zu entwickeln. Sie halten den Stift nicht richtig oder zeichnen und malen erst gar nicht, weil sie nicht still sitzen bleiben, sondern sowieso die ganze Zeit »auf Achse« sind.

Um die Diagnose einer ADHS stellen zu können, muss die gezeigte Symptomatik aber in einem dem Alter des Kindes unangemessenen Ausmaß bestehen: Sind die Verhaltens- und Reaktionsweisen noch normal, ist das Kind einfach ein »Wildfang« mit großem Bewegungsdrang oder ein fantasievolles »Träumerchen«, das viel Zeit für sich und seine eigene Welt braucht. Mit Eintritt ins Schulalter gehen bei vielen Kindern die als störend empfundenen Verhaltensweisen von allein zurück, hier handelt es sich dann tatsächlich um eine alterstypische Entwicklung. In jedem Alter ist es wichtig, den Kontext des Auftretens von als unangemessen erlebtem Verhalten zu berücksichtigen. Bei Kindern im Kindergarten bedeutet das, das Kind auch mit den anderen Kindern seiner Kindergartengruppe zu vergleichen. Die Tatsache, dass ADHS sehr unterschiedliche Entwicklungsverläufe aufweist, bei denen sich manche Auffälligkeiten auch zurückbilden, unterstreicht die Bedeutung des frühzeitigen Entdeckens, um den Verlauf gezielt positiv zu beeinflussen und gezielt Verschlechterungen entgegenzuwirken. Im Idealfall kann es dabei gelingen, so frühzeitig effektive Interventionen einzusetzen, dass im Erwachsenenalter keine Belastungen durch die Erkrankung mehr bestehen (Halperin et al., 2012).

Welche sind nun die Auffälligkeiten, die sich in der Begleitung von Kindern als mögliche Vorläufersymptome für eine spätere ADHS gezeigt haben?

Temperament

Wissenschaftlich haben sich mit dem Thema des Temperaments von Säuglingen die amerikanischen Kinderpsychiater Thomas und Chess beschäftigt. In den 1980er Jahren in einer über mehrere Jahre laufenden Untersuchung konnten sie feststellen, dass etwa 10 % der untersuchten Kinder sich in Bezug auf neun unterschiedliche Temperamentsbereiche (Ablenkbarkeit, Aktivität, Annäherung vs. Rückzug, Anpassungsfähigkeit, Aufmerksamkeitsdauer, Reaktionsintensität, sensorische Empfindlichkeit, Stimmungslage und Tagesrhythmus) als schwierig zeigten. Dieses »schwierige« Temperament hat sich in vielen Studien als guter Vorhersagefaktor für externalisierende Störungen gezeigt, zu denen auch die ADHS gehört.

Babys, bei denen im Verlauf der späteren Entwicklung eine ADHS festgestellt wurde, werden von ihren Eltern und auch unter objektiven Beobachtungsbedingungen häufiger als unruhig, leicht zu irritieren, schnell frustriert und nicht gut in der Lage, Befriedigungen abzuwarten (Geduld aufzubringen), beschrieben (Gurevitz et al., 2014). Sie fallen teilweise durch mehr körperliche Aktivität auf, zeigen öfter Schlafprobleme (können nicht gut selbstständig einschlafen, wachen häufig wieder auf und kommen dann nicht wieder in den Schlaf), haben vermehrt Probleme beim Füttern und schreien deutlich häufiger und länger. Sie halten ihre Aufmerksamkeit nicht lange auf etwas gerichtet (z. B. das Schauen auf ein über ihnen hängendes Mobile).

Emotionale Dysregulation

Eine zentrale Entwicklungsaufgabe nach der Geburt ist der Aufbau emotionaler Kompetenzen, also die Fähigkeit, erlebte Gefühle auszudrücken und sie alters- und sozial angemessen zu regulieren. Emotionale Kompetenz beinhaltet daneben auch, diese Gefühle bei anderen entschlüsseln, also verstehen zu können, und Gefühle, die man selbst nicht erlebt, nachempfinden und benennen zu können.

Die emotionale Kompetenz wird unterteilt in drei Fertigkeiten, nämlich

- Emotionen auszudrücken,
- Emotionswissen und
- Emotionsregulation.

Die Regulation von Emotionen beinhaltet alle Versuche, die erlebten Emotionen zu beeinflussen, das Erleben selbst und ihren Ausdruck – die erlebten Gefühle – zu bewältigen. Prozesse, die hier angewendet werden, werden als Emotionsregulationsstrategien bezeichnet. Das kann bedeuten, an etwas Anderes zu denken, eine Situation neu zu bewerten oder auch (im Falle von jüngeren Kindern) sich hilfesuchend an Bezugspersonen zu wenden.

Ein zentrales Thema bei der Beschreibung des »schwierigen Temperaments« einiger Kinder mit späterer ADHS scheint genau die Regulation von Emotionen zu betreffen. Diese Kinder zeigen vermehrt negative Emotionen (Weinen oder Schreien), lassen sich leicht irritieren, wenn etwas Neues oder Unerwartetes passiert, und sind dann nicht gut in der Lage, sich wieder zu beruhigen oder beruhigen zu lassen. Tatsächlich hat sich inzwischen sehr stabil erwiesen, dass vermehrt negative Emotionen und emotionale Labilität als Säugling einen bedeutsamen Zusammenhang mit Aufmerksamkeitsproblemen und Hyperaktivität in der Kindheit haben (z. B. Wolke et al., 2002; Overgaard et al., 2014).

Handlungskontrolle

Vor allem in der Vorschulzeit kommen weitere Auffälligkeiten dazu, die mit dem zentralen Problem der Selbstregulation bei ADHS in Zusammenhang stehen. Nun zeigen sich vermehrt impulsive Verhaltensweisen, die dadurch erklärt werden, dass Kinder mit ADHS Probleme mit der Hemmung von Verhalten haben. Aktivitäten und Handlungen entziehen sich dabei der willentlichen Kontrolle (»effortful control«) und entladen sich impulsiv.

Im Vorschulalter zeigen sich diese Kinder als unachtsam oder gedankenlos, unbekümmert bis übermütig, schlecht organisiert und sie handeln, »ohne nachzudenken«. Sie bleiben im Stuhlkreis nicht sitzen, probieren Schimpfwörter aus, die sie gehört haben, obwohl sie wissen, dass sie das nicht sollen. Sie sind »frech« gegenüber den Erzieher:innen und werden als distanzlos gegenüber Erwachsenen im Allgemeinen wahrgenommen. Gegenüber Gleichaltrigen erscheinen sie rücksichtslos, warten nicht ab, bis sie dran sind, und halten sich nicht an Spielregeln. Zusammengefasst folgen sie häufiger nicht den an sie gestellten Aufforderungen als Kinder ohne ADHS und werden als aufsässig gegenüber Autoritäten beschrieben.

Bindung

Mit dem Begriff »Bindung« wird die besondere emotionale Beziehung eines Kindes zu seinen Hauptbezugspersonen bezeichnet. Dabei lassen sich zwei Verhaltenssysteme beschreiben, die einander wechselseitig zuarbeiten: Das Bindungsverhalten wie Weinen, Anklammern, Rufen oder Protest bei Trennung wird aktiviert, wenn sich das Kind belastet, verängstigt oder unsicher fühlt. So wird idealerweise die Nähe zur Bindungsperson erhalten oder wiederhergestellt. Fühlt sich das Kind sicher und geborgen, wird das Erkundungsverhalten aktiviert. Das bedeutet, dass das Kind seine Umwelt entdecken und erforschen kann. Hierbei ist bei jungen Kindern zu beobachten, dass sie sich durch Blickkontakt, lächeln etc. weiter rückversichern. Das von dem britischen Kinderarzt Bowlby und der amerikanisch-kanadischen Psychologin Mary Ainsworth (z. B. Bowlby, 2018) eingeführte Konzept führt die Entstehung des Bindungssystems auf eine biologische Schutzfunktion im Verlauf der menschlichen Entwicklung zurück. Das Bindungsverhalten entwickelt sich im Verlauf des Lebens altersentsprechend weiter und die gemachten Erfahrungen in Bezug auf das schützende, tröstende Verhalten durch die Bindungspersonen werden zunehmend verinnerlicht, also intern repräsentiert. In weiteren Studien, in denen vor allem Mary Ainsworth unterschiedliche Formen der Bindung untersuchte, konnte sie feststellen, dass Kleinkinder sich in für sie unsicheren Situationen unterschiedlich verhielten: Manche zeigten deutlich ihr Unwohlsein und beruhigten sich schnell, wenn die Bindungsperson sie tröstete (sicher gebunden), einige ließen sich äußerlich nichts anmerken, reagierten aber auch nicht deutlich durch Anwesenheit der Bindungsperson (unsicher-vermeidend gebunden), eine dritte Gruppe zeigte sich äußerst verzweifelt, ließ sich aber auch nicht durch Anwesenheit der Bindungsperson wieder beruhigen, sondern zeigte vor allem Ärger und Ambivalenz (unsicher-ambivalent gebunden).

Grundlage für die Entwicklung einer sicheren Bindung ist u. a. das »feinfühlige« Eingehen von Bezugspersonen auf die Bedürfnisse des Säuglings, indem sie aufmerksam sind und auch nonverbale Äußerungen des Kindes wahrnehmen, angemessen und prompt reagieren (z. B. mit Beruhigung bei Signalen von Angst oder mit Anregung bei Anzeichen von Langeweile).

Säuglinge mit schwierigen Temperamentsmerkmalen (»hoch irritierbar«) entwickeln häufiger unsichere Bindungen. Eine Erklärung dafür könnte sein, dass das problematische Verhalten der Kinder die elterlichen Versuche des Beruhigens frustrieren und sie keine Kompetenz in der Interaktion mit ihren Kindern im Sinne eines feinfühligen Eingehens entwickeln können. Da das schwierige Temperament ein Vorläufersymptom einer sich entwickelnden ADHS sein kann, ist nicht verwunderlich, dass einige Studien darauf hinweisen, dass Kinder, die später eine ADHS entwickeln, eher unischere Bindungsstile zeigen (z. B. Gloger-Tippelt et al., 2007).

2.2 Behandlungsmöglichkeiten

Wie zuvor schon erwähnt, ist die Diagnosestellung in der frühen Kindheit und im Vorschulalter mit einigen Schwierigkeiten und Unsicherheiten behaftet. Eine zielgerichtete, störungsspezifische Intervention oder Behandlung fußt aber genau auf einer solchen ausführlichen Diagnostik, um dann die unmittelbaren Kernsymptome, nämlich Unaufmerksamkeit, Hyperaktivität und/oder Impulsivität zu reduzieren, negative Begleiterscheinungen möglichst gering zu halten bzw. zu verbessern und die Betroffenen und ihre Familien zu einem angemessenen und hilfreichen Umgang mit der Störung zu befähigen. Tatsächlich gibt es auch einige gut evaluierte, d. h. hilfreiche Behandlungsprogramme, die weiter unten genauer beschrieben werden (▶ Kap. 2.2.2).

Daneben ist zu berücksichtigen, dass sich teilweise schon sehr früh Verhaltensauffälligkeiten zeigen, die aber nicht ausreichen, um die Diagnose einer ADHS stellen zu können. Hier bietet sich die Möglichkeit, durch die Stärkung von bekannten Schutzfaktoren früh in die Entwicklung einzugreifen, um im Sinne einer präventiven Maßnahme die weitere Entwicklung positiv zu beeinflussen. Hier zeigt sich ein Perspektivwechsel innerhalb der Behandlungsforschung von ADHS: weg von der Behandlung der Kernsymptome, hin zu dem Versuch, die multiplen Entwicklungsprozesse der ADHS zu beeinflussen. Für diese Präventionsmaßnahmen eignet sich das Vorschulalter besonders, da in diesem Alter das Gehirn noch »plastisch« erscheint und Neuverschaltungen auf neurologischer Ebene wahrscheinlicher sind, sodass durch präventive Maßnahmen strukturell eingewirkt werden kann (Halperin, Bedard & Churchack-Lichtin, 2012).

2.2.1 Prävention

Untersuchungen von über 600 Kindern im Kindergartenalter in den Niederlanden konnten bei einem Drittel dieser Kinder ADHS-spezifische Symptome feststellen. Hier zeigt sich sehr deutlich, dass man Verhaltensweisen im frühen Kindesalter nicht »pathologisieren« sollte. Offenbar sind diese Verhaltensweisen bei vielen Kindern entwicklungsangemessen und verbreitet. Im gleichen Zusammenhang sind die Ergebnisse von Studien aus den USA und auch Deutschland zu sehen, die bei Schüler:innen in der Grundschule die ältesten und jüngsten Kinder eines Jahrgangs untersuchten: Die jüngsten Kinder einer Klasse erhielten bis zu dreimal so häufig eine ADHS-Diagnose und Medikamentenverschreibungen, da diese offenbar noch stärkere Unruhe und Unaufmerksamkeit aufwiesen als die älteren (Elder, 2010; Morrow et al., 2012; Wuppermann et al., 2015; ▶ Kap. 1.3).

Gleichzeitig sollten Anzeichen einer schwierigen Entwicklung im Verhalten möglichst früh festgestellt werden, um unterstützend einzugreifen und einer negativen Entwicklung vorzubeugen.

Eine Möglichkeit hierzu bieten verschiedene Ansätze der Prävention. Kinder, bei denen Eltern oder Erzieher:innen in den Betreuungseinrichtungen Hinweise auf eine problematische Entwicklung sehen, ohne dass sie die vollständigen Kriterien für eine Diagnose erfüllen, besitzen im Verlauf auch durch sich negativ verstärkende Interaktionen in der sozialen Umwelt ein erhöhtes Risiko, eine ADHS zu entwickeln. Eltern sollten ermutigt werden, Kinder mit ADHS-typischen Auffälligkeiten psychotherapeutisch vorzustellen, um in einer ausführlichen Diagnostik auch mögliche alternative Ursachen für die Probleme festzustellen und Maßnahmen einleiten zu können. Prävention im Zusammenhang mit ADHS hat dabei nicht das zentrale Ziel, eine ADHS vollständig zu reduzieren, sondern sie soll sicherstellen, dass möglichst frühzeitig geholfen

2 ADHS in der frühen Kindheit und im Vorschulalter

wird, schwieriges Verhalten, Begleiterscheinungen und mögliche weitere Folgestörungen gering zu halten, um den Verlauf und Schweregrad der Symptome zu beeinflussen.

Präventionsmaßnahmen werden – je nachdem, zu welchem Zeitpunkt sie bei möglichen Krankheitsverläufen ansetzen – unterschieden in primär, sekundär oder tertiär bzw. universell, selektiv und indiziert. Abbildung 2.1 verdeutlicht diese verschiedenen Ansatzpunkte in Bezug auf die Störungsentwicklung einer ADHS.

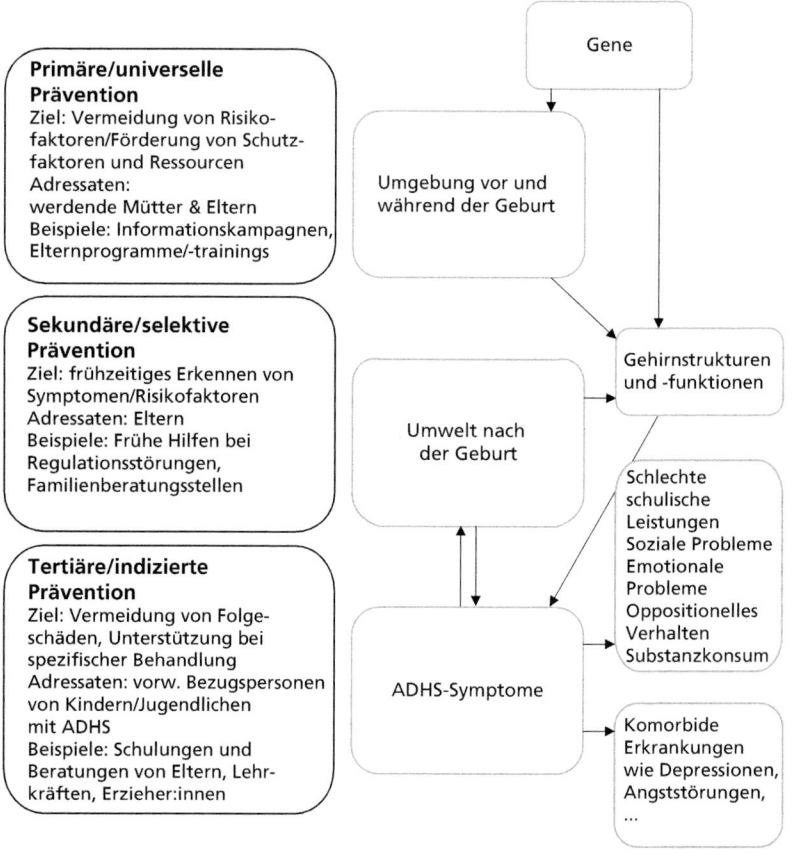

Abb. 2.1: Prävention der ADHS auf zeitlicher Ebene, modifiziert nach Halperin, Bédard & Churchack-Lichtin (2012, S. 534)

Primäre/universelle Prävention

Diese Ansätze richten sich an Menschen, bei denen bisher keine Störung oder Krankheit festgestellt wurde, also an Gesunde. Deren Gesundheit soll durch die Vermeidung von Risikofaktoren und die Förderung von Schutzfaktoren und Ressourcen gefördert und erhalten werden. Universelle Maßnahmen zielen dabei auf die gesamte Bevölkerung ab. Beispiele wären die Förderung der Gesundheit von Müttern durch Informationskampagnen zu Tabak, Alkohol oder anderen Substanzen sowie die Vermeidung von Kontakt mit Quecksilber und Blei während der Schwangerschaft, da dies mit einer erhöhten Gefahr zur Entwicklung von ADHS bei den Kindern in Verbindung gebracht wird.

Mit dem Triple-P-Programm (»Positive Parenting Programme«, auf Deutsch: Positives Erziehungsprogramm) steht ein universeller präventiver Ansatz für alle Eltern zur Verfügung, in dem einfache und praktische Erziehungsfertigkeiten vermittelt werden, um die Beziehung zwischen Eltern und Kindern zu stärken und Problemen vorzubeugen. Das Programm wurde von einer Arbeitsgruppe um den Psychologieprofessor Matt Sanders in Australien entwickelt und ist weltweit eines der am besten untersuchten Präventionsprogramme. Das Besondere an diesem Programm ist der Aufbau in mehreren Ebenen mit ansteigender thematischer Spezifität und Intensität des Kontaktes bis hin zu einer Intervention im eigentlichen Sinn (tertiäre oder indizierte Prävention). So wird das Programm als allgemeines Elterntraining angeboten, als Einzel- oder Gruppentraining und als Elternbuch zur Selbsthilfe. In Bezug auf die Wirksamkeit zur Prävention von expansivem Problemverhalten und bei der Reduktion von Auffälligkeiten im Bereich von ADHS liegen wissenschaftliche Studien vor, die diese belegen.

Sekundäre/selektive Prävention

Das Ziel einer sekundären Prävention ist das möglichst frühzeitige Erkennen von Symptomen einer Erkrankung, bevor diese tatsächlich in vollem Umfang ausgeprägt ist oder bereits zu Beschwerden führt. So soll der weitere Verlauf in der Entwicklung positiv beeinflusst werden.

Im Hinblick auf ADHS bedeutet das, die Faktoren, die sich als Hinweise auf eine mögliche sich entwickelnde Störung gefunden oder sich

2 ADHS in der frühen Kindheit und im Vorschulalter

als sogenannte »Risikofaktoren« gezeigt haben, zum Anlass zu nehmen, sich Hilfe und Unterstützung zu holen bzw. diese anzubieten, auch wenn keine ADHS-Diagnose vorliegt.

Tab. 2.1: Maßnahmen bei Auffälligkeiten

Risikofaktoren/ Anzeichen	Anlaufstellen/ Maßnahmen	Ziel, Wirkungsrichtung
• Regulationsstörungen im Säuglingsalter	• Frühe Hilfen • Schreiambulanzen • Familien-/Erziehungsberatungsstellen	• Aufbau positiver Erziehungsstile • Emotionale Unterstützung der Eltern • Aufbau sicherer Bindung
• ADHS in der Familienanamnese	• Spezialisierte Erziehungsberatung • Anbieten von Informationen/Schulungen	• Abbau von Unsicherheiten
• Oppositionelles Verhalten (u. a. häufiges Streiten, sich Regeln und Anweisungen widersetzen, schnell ärgerlich und wütend werden)	• Anbieter von Triple-P-Trainings • Familien-/Erziehungsberatungsstellen	• Förderung der Erziehungskompetenz • Verringerung von Konflikten und Verbesserung emotionaler Unterstützung
• Defizite in der sprachlichen und motorischen Entwicklung	• Frühförderstellen	• Förderung des Kindes selbst • Sozial-emotionale Entwicklung

Die in der Tabelle aufgeführten Maßnahmen sollen dabei zum einen die Umwelt, in der das betroffene Kind lebt, so verändern, dass seine Möglichkeiten zur Selbstregulation gefördert werden und es auch emotional gestützt wird. Zum anderen sollen die sich entwickelnden Gehirnstrukturen und -funktionen positiv beeinflusst werden.

Die Umwelt zu verändern bedeutet bei Kindern im Vorschulalter, vor allem den Eltern bzw. Sorgeberechtigten und Erzieher:innen Unterstützung und Beratung im Umgang mit den herausfordernden Verhaltensweisen der Kinder anzubieten.

Eines dieser Programme, die in Kitas durchgeführt werden können, ist das Fördertraining »EFFEKT« (Entwicklungsförderung in Familien: Eltern- und Kinder-Training, entwickelt durch die Universität Erlangen-Nürnberg), das aus einem Elternkurs »Förderung der Erziehungskompetenz« und spielerischen Kinderkursen besteht (http://www.effekt-training.de).

Ebenso scheint eine pädagogische Verhaltensmodifikation hilfreich zu sein, für die Erzieher:innen darin geschult werden, erwünschtes Verhalten (wie Regeln zu folgen oder aufmerksamkeitsförderliche Aktivitäten) bewusst zu stärken und unerwünschtes Verhalten (wie zielloses Umherrennen, andere Kinder zu stören und zu unterbrechen etc.) gezielt zu reduzieren (Christiansen, Hirsch, König, Steinmayr & Röhrle, 2015).

Zusammengefasst eignen sich Kindergärten besonders für präventive Maßnahmen, da die Kinder niedrigschwellig erreicht und für alle Kinder gleichermaßen Angebote gemacht werden, sodass frühzeitiger Stigmatisierung entgegengewirkt wird.

Tertiäre/indizierte Prävention und psychosoziale Interventionen

Die Maßnahmen einer tertiären Prävention richten sich an Personen, bei denen bereits eine Beeinträchtigung aufgrund einer Störung eingetreten ist. Sie sollen Folgeschäden vermeiden und eine Unterstützung für weitere spezifische Behandlungen bieten, sodass einer Chronifizierung entgegengewirkt wird und keine dauerhafte Behinderung entsteht. Insofern ist der Übergang von Prävention zu Intervention fließend.

Wie im ersten Kapitel beschrieben, besteht bei ADHS die große Gefahr, dass sich weitere Probleme bis hin zu weiteren diagnostizierbaren Störungen (Komorbiditäten) entwickeln (▶ Kap. 1.1). Insofern zielen die in diesem Abschnitt beschriebenen Maßnahmen nicht (nur) auf die Reduktion der zentralen Unaufmerksamkeit, der überschießenden Aktivität und des impulsiven Verhaltens, sondern auch auf die Vorbeugung weiterer Beeinträchtigungen, z. B. im sozialen Kontext. Das Verständnis sowohl der Eltern als auch der pädagogischen Fachkräfte für die Symptomatik der Kinder soll durch Trainingsmaßnahmen, Schulungen und Beratung erhöht und das Erziehungsverhalten optimiert werden.

Viele dieser Maßnahmen liegen als manualisierte Trainingsprogramme vor und sind in Abschnitt 2.2.2 näher erläutert.

Neben den Interventionen auf Seite der Eltern und/oder der Pädagog:innen in der Kita sollten unter bestimmten Bedingungen auch kindzentrierte Maßnahmen durchgeführt werden. So kann es sinnvoll sein, bei besonders starken oppositionellen Verhaltensweisen oder bei auftretenden emotionalen Problemen, diese in Einzelsitzungen (entweder bei Kinder-/Jugendlichenpsychotherapeut:innen oder auch in der Frühförderung) zu bearbeiten. Die Spiel- und Beschäftigungsintensität kann gefördert und Handlungsabläufe können eingeübt und so eventuell anstehende Entwicklungsaufgaben gemeinsam gemeistert werden.

2.2.2 Manualisierte Programme

Die an dieser Stelle vorgestellten Therapie- und Trainingsprogramme sind in Deutschland bereits seit längerem etabliert und ihre Wirksamkeit konnte auch empirisch, d. h. in wissenschaftlichen Studien nachgewiesen werden. »Manualisiert« bedeutet dabei, dass konkrete Anleitungen für bestimmte Problembereiche und Maßnahmen zusammengestellt sind. Die Trainings beziehen sich z. T. stärker auf die Eltern und deren Möglichkeiten des Einwirkens auf schwierige Verhaltensweisen der Kinder, z. T. stehen die Kinder selbst stärker im Fokus. Während drei der unten vorgestellten Programme durch Therapeut:innen angeleitet und durchgeführt werden, ist eines als Selbsthilfebuch für Eltern entwickelt worden. Alle Programme sind geeignet für Kinder ab drei Jahren.

Therapieprogramm für Kinder mit hyperkinetischen und oppositionellem Problemverhalten (THOP)

Das inzwischen in der sechsten Auflage erschienene Behandlungsprogramm (Döpfner, Schürmann & Frölich, 2019) besteht aus verschiedenen Bausteinen, die durch die Therapeut:innen flexibel an die Bedürfnisse der Kinder und Eltern angepasst werden können. Zentrale Komponente der Behandlung ist ein Eltern-Kind-Programm, das in seinen Interventionen auf kognitiv-verhaltenstherapeutischen Prinzipien basiert. Thematisch werden die Förderung einer positiven Eltern-Kind-Interaktion, Interventionen zur Verminderung von impulsivem und oppositionellem Verhalten sowie Selbstinstruktionen und Selbstmanagement für die Kinder angeleitet. Weiter stehen Bausteine für die Bewältigung von Verhaltensproblemen in der Öffentlichkeit und (für ältere Kinder) bei den Hausaufgaben zur Verfügung. Ergänzend werden Interventionen in Kita und Schule beschrieben (dies allerdings eher knapp).

Wackelpeter und Trotzkopf

In Anlehnung an das oben beschriebene Therapieprogramm THOP wurde von den Autor:innen ein Selbsthilfeprogramm für Eltern entwickelt, das diesen eine eigenständige Möglichkeit bieten soll, bei ADHS-Symptomen, aber auch bei oppositionellen Verhaltensweisen ihrer Kinder im häuslichen Alltag strukturiert Handlungsmöglichkeiten zu erarbeiten.

Das in fünfter Auflage erschienene Programm (Döpfner & Schürmann, 2017) stellt neben grundsätzlichen Informationen einen Elternleitfaden mit Übungen zur Verfügung, die wiederum von Arbeitsblättern und Memo-Karten unterstützt werden. Zusätzliche Online-Materialien und eine App für das Handy sollen weiter die Umsetzung der Maßnahmen im Alltag vereinfachen.

Präventionsprogramm für Expansives Problemverhalten (PEP)

Dieses Präventionsprogramm kann den Autor:innen zufolge sowohl von pädagogischem als auch psychologischem Fachpersonal angeleitet werden, sofern sie entsprechend geschult sind (Plück, Wieczorrek, Metternich & Döpfner, 2006). Es richtet sich an Eltern oder Erzieher:innen mit Kindern, die impulsives, unruhiges, verweigerndes oder aggressives Verhalten zeigen. Dieses Muster von Verhaltensweisen tritt zum einen recht häufig auf und ist im Entwicklungsverlauf der Kinder sehr stabil, was bedeutet, dass es sich chronisch verfestigen kann. Zum anderen können sich hier Vorläufersymptome einer sich entwickelnden ADHS zeigen.

Das Programm zielt also auf die Veränderung von Verhalten und damit verbundenen Gefühlen ab, um gezielt eine positive Entwicklung anzustoßen. Dies soll über die Stärkung von positiven Interaktionen bei Eltern und Erzieher:innen mit dem Kind geschehen.

Das Programm ist als Gruppenprogramm entweder für Eltern oder für Erzieher:innen für Kinder im Alter von drei bis sechs Jahren konzipiert und leitet in insgesamt sechs Sitzungen die Kursteilnehmenden an, ihr Verhalten gegenüber den Kindern zu planen und dann im Alltag in praktisches Handeln umzusetzen. Sowohl für Eltern als auch für Erzieher:innen sind optionale Sitzungen für spezifische häusliche bzw. Situationen in der Kita vorgesehen.

Marburger Konzentrationstraining (MKT) für Kindergarten, Vorschule und Eingangsstufe

Anders als das zuvor beschriebene Programm zielt das Konzentrationstraining direkt auf die Arbeit mit betroffenen Kindern. Die Aufmerksamkeitsteuerung der Kinder soll über das Einüben von Selbstinstruktionen (also innere Selbstgespräche) verbessert werden, sodass Kinder mit Auffälligkeiten in der Konzentration, Wahrnehmungsgenauigkeit, Merkfähigkeit und in der Selbstständigkeit gezielt gefördert werden.

Aufgrund der stark auf kognitiven Maßnahmen fußenden Übungen ist das Konzentrationstraining erst für Kinder ab einem Alter von fünf Jahren sinnvoll anzuwenden. Laut den Autor:innen kann es von Erzieher:innen, Ergo- und Lerntherapeut:innen, Heilpädagog:innen und Lehrkräften nach einer entsprechenden Schulung durchgeführt werden und soll in insgesamt sechs bis acht Trainingseinheiten mit einer Kleingruppe von drei Kindern durch angeleitete Übungen die Merkfähigkeit und Feinmotorik positiv beeinflussen (Krowatschek, Albrecht & Krowatschek, 2019).

2.2.3 Weitere Behandlungsmöglichkeiten

Ergotherapie

Einer großen Anzahl an Kindern, die im Vorschul- oder Grundschulalter wegen des Verdachts auf ADHS in kinderärztlicher oder kinder- und jugendpsychiatrischer Behandlung sind, wird auch Ergotherapie verschrieben. Diese gehört zu den medizinischen Heilberufen und zielt darauf ab, Handlungskompetenzen und Teilhabe im Alltag zu verbessern. Zentral ist dabei, durch konkrete Handlungen Erfolgserlebnisse zu ermöglichen und diese in den Alltag zu übertragen.

Speziell für die Arbeit mit Kindern mit ADHS wurde von Britta Winter und Bettina Arasin (2007) ein Therapieprogramm entworfen, das neben grundlegenden Informationen über die Störung grundsätzliche ergotherapeutische Vorgehensweisen und ein spezielles Programm mit diagnostischen Anleitungen, Übungen, Arbeitsblättern sowohl für Kinder (ETP-ADHS) als auch deren Eltern (ETET) anbietet.

Leider gibt es bisher kaum wissenschaftliche Überprüfungen dieser Vorgehensweise, weshalb es auch keine Behandlungsempfehlungen zu Ergotherapie bei ADHS gibt.

Medikation

In Deutschland sind die Medikamente, die sich bei ADHS als wirksam erwiesen haben, erst ab einem Alter von sechs Jahren zugelassen. Schon wegen der in diesem Alter auch nur mit Vorsicht zu stellenden Diagnose sollte die Frage, ob in der Behandlung Medikamente sinnvoll sind, nur nach Ausschöpfung aller nichtmedikamentösen Therapieoptionen überhaupt gestellt werden.

Sollten Therapeut:innen und Eltern bzw. Erziehungsberechtigte aufgrund der Schwere der Symptomatik aber die Notwendigkeit einer pharmakotherapeutischen Behandlung in Betracht ziehen, sollte in jedem Fall eine Risiko-Nutzen-Abwägung stattfinden und die Behandlung nur durch Ärzt:innen mit besonderen Fachkenntnissen von Verhaltensstörungen in dieser Altersgruppe durchgeführt werden.

2.3 Eltern – Möglichkeiten der Einflussnahme

Je nachdem, in welchem Alter die herausfordernden Verhaltensweisen der Kinder auftreten und in welcher Intensität, bieten sich für Eltern verschiedene Möglichkeiten zu handeln. Vor allem sollten Eltern ihre eigenen Wahrnehmungen (und sei es die eigene Erschöpfung oder Hilflosigkeit) ernstnehmen und darauf reagieren.

Bei den jüngsten Kindern im Säuglingsalter bedeutet dies auch, die weiter oben beschriebenen Regulationsprobleme (▶ Kap. 2.1) bei Hebammen oder Kinderärzt:innen anzusprechen und nach Hilfestellungen zu fragen. Bei älteren Kindern können Erziehungsberatungsstellen eine erste Anlaufstelle sein, bevor bei deutlicher werdender Symptomatik Hilfe bei Kinder- und Jugendlichenpsychotherapeut:innen gesucht wird. In jedem Fall sollten sie nach spezifischen Qualifikationen und auch durchgeführten Programmen fragen (▶ Kap. 2.2.1, ▶ Kap. 2.2.2).

Weiter sollten Eltern mit Kindern, die deutliche Anzeichen von ADHS zeigen, darauf achten, den Familienalltag so zu gestalten, dass die Auswirkungen der Unaufmerksamkeit, Impulsivität und Hyperaktivität gemildert werden, z. B. durch regelmäßige Strukturen und Rituale.

Strukturierende Maßnahmen im Alltag

Der Alltag mit Kindern, die für ADHS typische Symptome zeigen, ist vor allem dadurch geprägt, dass sie Schwierigkeiten haben, ihre Gedanken, Gefühle und Handlungen zu organisieren und zu regulieren. Dies gelingt aber umso besser, wenn sie ein äußeres Gerüst haben, an dem sie sich orientieren können. An dieser Stelle sind die Eltern besonders gefordert, den Alltag mit seinen regelmäßig wiederkehrenden Aktivitäten zu strukturieren. Dies bedeutet zunächst, den *Tagesablauf* möglichst regelmäßig und stabil zu gestalten.

- Kinder mit (potenzieller) ADHS sollten immer zur gleichen Uhrzeit aufstehen – auch am Wochenende und in den Ferien.
- Auch das Schlafen sollte entsprechend immer zur gleichen Uhrzeit eingeläutet werden, mit einer klaren, immer gleich stattfindenden Routine.

- Weitere Termine (Besuch bei Freund:innen, Sport- oder Musikverein) sollten in einen verbindlichen Kalender eingetragen werden und für die gesamte Familie sichtbar aufgehängt sein.
- Mahlzeiten sollten ebenso zu gleichen Zeiten (und soweit möglich) gemeinsam eingenommen werden.
- Je nach Alter kann das Kind erste Aufgaben im Haushalt übertragen bekommen (z. B. beim Tisch Decken helfen), die ggf. auch in einem »Aufgaben-Kalender« für die Familie eingetragen werden.
- Das Kinderzimmer sollte möglichst klar strukturiert und aufgeräumt sein (nach dem Spiel Dinge sortieren).

Ernährung und Schlaf

In den letzten Jahrzehnten sind immer wieder Berichte veröffentlicht worden, nach denen der Konsum bestimmter Nahrungsmittel (z. B. stark zuckerhaltige oder mit künstlichen Farbstoffen versehene Nahrungsmittel) vor allem die hyperaktive Symptomatik verstärken soll. Wissenschaftlich lassen sich diese Berichte in Bezug auf ADHS nicht belegen.

Wichtig ist aber, dass für alle Kinder regelmäßige, ausgewogene Mahlzeiten sowie ausreichend Wasser grundlegend sind, um gut durch den Tag zu kommen.

Schon im vorhergehenden Abschnitt wurde auf regelmäßige Schlafenszeiten- und rituale hingewiesen. Die Wichtigkeit von ausreichend und regelmäßigem Schlaf wird durch Studienergebnisse aus Australien unterstrichen, in denen sich durch die Sorge für ausreichenden Schlaf eine Reduktion von ADHS-Symptomen ergab.

2.4 Erzieher:innen – Handlungsmöglichkeiten in der Kita

Da die Verhaltens- und emotionalen Probleme von Kindern mit ADHS bereits in der Kindergarten-/Vorschulzeit auftreten können, ist es auch für Erzieher:innen wichtig, das eigene Verständnis für die Problematik zu schulen. So kann man bei Kindern mit Schwierigkeiten in der Aufmerksamkeit und Handlungsregulation manche Dinge, die bei anderen Kindern selbstverständlich funktionieren, nicht erwarten. Um dann nicht in einen Kreislauf des Ermahnens und der Frustration auf beiden Seiten (Kinder und Erzieher:in) zu geraten, besteht die erste Aufgabe darin, ein Verständnis für die Kinder zu entwickeln, sich also mit ADHS als Störung der Selbstregulation zu beschäftigen. Dies kann helfen, Kinder mit problematischem Verhalten nicht einfach als »Störenfriede« zu sehen, sondern ihnen Wertschätzung und Anerkennung auch dann entgegenzubringen, wenn ihnen etwas gelingt, was für andere Kinder völlig selbstverständlich ist. Die erste Aufgabe für Erzieher:innen besteht also darin, eine gute, vertrauensvolle Beziehung aufzubauen, auch wenn das Verhalten dieser Kinder durchaus herausfordernd sein kann.

Bei Kindern im Kita-Alter liegt (wie in den vorhergehenden Abschnitten beschrieben) aus guten Gründen oft noch keine gesicherte Diagnose vor, dennoch sollten Auffälligkeiten in der Aufmerksamkeit und aus Sicht der Erzieher:innen problematisches Verhalten beobachtet und dokumentiert werden, um sich zum einen mit Kolleg:innen zu besprechen und zu klären, ob auch andere dies so wahrnehmen. Zum anderen sind diese Beobachtungen wichtige Grundlagen, um mit Eltern ins Gespräch zu kommen und Entwicklungsrisiken gezielt anzusprechen.

Folgende Liste beinhaltet Handlungsstrategien, die im Kita-Alltag genutzt werden können, um Kinder mit Symptomen von ADHS zu unterstützen:

- Klare Strukturen und Regeln im Tagesablauf vorgeben
- In der Kommunikation auf kurze Sätze und einfache Anweisungen achten

2.4 Erzieher:innen – Handlungsmöglichkeiten in der Kita

- Um nicht zu viele Reize zu setzen, die ablenken und verwirren könnten, sollten pädagogische Angebote in Kleingruppen stattfinden
- Wann immer es geht, das Kind loben (auch für Dinge, die bei anderen Kindern selbstverständlich sind)
- Auf Stärken des Kindes besonders achten, diese gezielt hervorheben und für die Arbeit nutzen
- Eine gute Gesprächskultur und Zusammenarbeit mit den Eltern etablieren (es geht nicht um Kritik, sondern um die Förderung des Kindes!)
- Kooperation mit Expert:innen, die unterstützend hinzugezogen werden können (Psychotherapeut:innen, Heilpädagog:innen, Ergotherapeut:innen, Ärzt:innen)

Am Ende bleibt festzuhalten, dass es in der Kita darum geht, Kinder mit herausforderndem oder auffälligem Verhalten bestmöglich zu unterstützen, damit sie sich mit ihren Voraussetzungen gut entwickeln können. Im Sinne der präventiven Arbeit kann dies auch bedeuten, dass Entwicklungsrisiken aufgefangen werden, was eine spätere manifeste ADHS im Schweregrad reduzieren und auch die Grundlage für einen guten Bildungsweg bieten kann.

3   ADHS in der mittleren Kindheit

Martina Ruhmland

Mit dem Begriff der »mittleren Kindheit« wird die Zeit zwischen 6. und 10./11. Lebensjahr gefasst. In diesem Altersabschnitt werden an Kinder grundlegende Entwicklungsaufgaben gestellt, die gerade für diejenigen mit Symptomen einer ADHS besonders schwer zu erfüllen sind. Unter »Entwicklungsaufgaben« versteht man in der Psychologie ganz allgemein sozial (also in der jeweiligen Gesellschaft) geteilte Erwartungen an eine Person in einem bestimmten Lebensabschnitt. Für das Grundschulalter bedeutet dies, dass die Kinder Lesen und Schreiben und die Grundfunktionen des Rechnens lernen. Sie sollen in der Lage sein, sowohl in der Schule »angemessenes« Verhalten zu zeigen, als auch allgemein akzeptierte Verhaltensregeln zu Hause und in der Öffentlichkeit zu befolgen. Sie sollten Konflikte angemessen lösen können und Freundschaften mit Gleichaltrigen schließen (Petermann, 2013). Natürlich unterliegen diese Erwartungen kulturellen und zeitgeschichtlichen Einflüssen. So sind die Erwartungen an das Verhalten von Erstklässler:innen inzwischen ganz andere als noch vor 50 Jahren. Aber auch in einer deutlich liberaleren und kindgerechteren Umgebung schaffen Kinder mit Problemen in der Aufmerksamkeit, mit überschießender motorischer Aktivität und impulsivem Verhalten es oft nicht, die an sie gestellten Entwicklungsaufgaben erfolgreich zu bewältigen, und werden dann bei zunehmenden Schwierigkeiten gehäuft zur diagnostischen Abklärung bei entsprechenden Fachleuten vorgestellt.

Fallgeschichte

Paul wird mit knapp sechs Jahren eingeschult. Er freut sich auf das Lernen, geht morgens fröhlich in die Schule. Die Schwierigkeiten beginnen für die Eltern am Nachmittag. Häufig fehlen die Materialien, die Paul für die Erledigung der Hausaufgaben bräuchte, der Ranzen ist chaotisch, Stifte sind nicht in der Federmappe, regelmäßig müssen Schulsachen nachgekauft werden, da sie unauffindbar sind. Markus und Claudia werden schon nach kurzer Zeit zu ersten Gesprächen in die Schule gebeten: Paul könne nicht ruhig sitzen bleiben, lasse andere Kinder nicht ausreden, halte sich nicht an Klassenregeln. Die Hausaufgaben werden nicht vollständig erledigt und notwendige Materialien seien nicht vorhanden. Claudia verabredet daraufhin mit der Klassenlehrerin, Paul jeden zweiten Tag von der Schule abzuholen. So kann sie kurze Rücksprache mit ihr über die Vorkommnisse des Tages halten, alle Schulsachen in der Schule einsammeln und die an die Tafel geschriebenen Hausaufgaben durchsehen. Zwar ist so der Kontakt zur Klassenlehrerin eng und Claudia und Markus sind über alles Wichtige informiert, der Aufwand ist allerdings enorm.

Auch die Nachmittage stehen ganz im Zeichen der Schule. Die Hausaufgaben nehmen zwei bis drei Stunden in Anspruch, da Paul nach fünf Minuten am Tisch seine Aufmerksamkeit nicht mehr halten kann, er aufsteht, anfängt laut zu singen oder mit anderen Dingen zu spielen. Wenn Claudia, die immer mit ihm am Tisch sitzt und versucht, die Aufmerksamkeit zu lenken, ihn ermahnt, bei der Sache zu bleiben, schaut er kurz auf die Unterlagen, kommt aber nicht weiter. So vergeht der Nachmittag, bis er endlich alles, was er aufhatte, erledigt hat. Dazwischen liegen Wutanfälle, zerrissene Arbeitsblätter, Tränen und Geschrei. Claudia gerät an ihre nervlichen Grenzen, wird selbst wütend, aufbrausend, schreit Paul an und schließt ihn in seinem Zimmer ein, wenn er aggressiv wird und beginnt, Dinge zu zerstören.

Trotz des großen zeitlichen und nervlichen Aufwands kann Paul am Ende der ersten Klasse noch keinen Satz lesen, seine Schrift ist chaotisch. Rechnen geht zwar besser, aber auch hier sind die Seiten der Hefte sehr durcheinander, die Lehrerin mahnt Ordnung an. Im Verlauf der zweiten Klasse werden die Krisen in der Schule und zu Hause größer. Inzwischen werden Noten vergeben und Paul wird zunehmend frustriert, weil er nur Dreien und Vieren schafft. Paul weint und schreit viel, neuerdings zeigt er einen Blinzel-Tic. Schließlich wenden sich Markus und Claudia an ein Sozialpädiatrisches Zentrum, da sie inzwischen die Vermutung haben, dass hinter Pauls Verhalten mehr steckt als ein »ausgeprägt starker Wille«.

Tatsächlich wird hier eine ADHS diagnostiziert. Der durchgeführte Leistungstest zeigt insgesamt eine Intelligenz im Normbereich mit starken negativen Abweichungen bei den Werten des Arbeitsgedächtnisses und besonders positiven Abweichungen im logischen Denken und Sprachverständnis. Weiter werden eine Lese-Rechtschreibstörung sowie eine leichte Tic-Störung diagnostiziert. Paul wird Ritalin verschrieben und tatsächlich bessert sich unter dieser Medikation die schulische Situation. Er wiederholt die zweite Klasse, die neue Lehrerin beschreibt ihn als einen »ganz normalen Jungen«, er holt inhaltlich deutlich auf und erhält zum Ende der Grundschulzeit eine »Gymnasialempfehlung«.

Neben der regelmäßigen Medikamentenüberprüfung bei einer Kinder- und Jugendpsychiaterin wird ihm Ergotherapie verschrieben. Zu diesen Terminen geht er freudig, der engagierte Ergotherapeut berät auch Claudia im Umgang mit Paul und versucht, in der Familie positive Erlebnisse zu ermöglichen.

3.1 ADHS – Erscheinungsbild

Zu keinem Altersabschnitt ist in Bezug auf ADHS mehr geforscht und geschrieben worden als zur Grundschulzeit. Das liegt u. a. daran, dass für die betroffenen Familien mit der Schulzeit die Schwierigkeiten erst richtig losgehen und sie entsprechend verstärkt nach Hilfe und Unterstützung suchen. Während man in der Kindergartenzeit noch darauf hofft, dass sich »überschießende« Energie, »wildes Temperament« oder das verträumte »Abwesendsein« auswachsen, verschwinden diese Hoffnungen angesichts fehlender Lernfortschritte oder wiederholten Ärgers und negativer Rückmeldungen aus der Schule.

3.1 ADHS – Erscheinungsbild

Die drei Kernsymptome der ADHS (Unaufmerksamkeit, Hyperaktivität und Impulsivität) äußern sich in verschiedenen Verhaltensweisen der betroffenen Kinder, die dann wieder zu Problemen in sozialen und Lernsituationen führen.

Bei Kindern mit ADHS ist häufig zu beobachten, dass sie begonnene Aufgaben nicht zu Ende führen, das Interesse schnell nachlässt und sie etwas Neues beginnen. Sie lassen sich dabei auch noch ausgesprochen leicht durch äußere Anlässe (wie einen herunterfallenden Radiergummi oder eine Fliege im Zimmer) ablenken, sodass längere Aufgaben, die ein planvolles Handeln erfordern, eigentlich kaum zu bewältigen sind. Sie verlieren das Ziel der Tätigkeit und die einzelnen Handlungen schnell aus den Augen. Diese Schwierigkeiten führen außerdem dazu, dass die Kinder generell versuchen, Aufgaben, bei denen absehbar eine längere Konzentration und Aufmerksamkeit nötig wäre, zu vermeiden.

Für einige Eltern und auch Lehrkräfte ist es dann umso verwunderlicher, wenn sie bei manchen Aufgaben doch den Fokus behalten, und sich offenbar konzentrieren können. Dies ist dann der Fall, wenn es sich um eine für das Kind selbst neue, interessante Aufgabe mit hohem Anregungsgehalt (also viele schnell wechselnde Farben, Töne, schnelles Handeln) wie z. B. bei einem Computerspiel handelt. Nun kann man aber nicht davon ausgehen, dass sich die Kinder bei anderen Aufgaben, die von ihnen Konzentration erfordern, einfach nur mehr anstrengen müssten.

Auch die Hyperaktivität ist nicht in jedem Fall störend oder bereitet Probleme. So kann z. B. die motorische Unruhe im Sport durchaus angemessen in Aktivität umgesetzt werden. Erfordert die Situation aber ein ruhiges Sitzenbleiben, fallen Kinder mit ADHS durch Zappeln, Kippeln, hin- und herrutschen oder Aufstehen und Herumlaufen auf.

Eine gesteigerte Impulsivität zeigt sich in unüberlegtem und vorschnellem Handeln. So können die Kinder nicht abwarten, bis sie an der Reihe sind, sie unterbrechen andere oder rufen einfach in die Klasse. Hier zeigen sich besonders Probleme, wenn Regeln eingehalten werden sollen.

Diese Verhaltensweisen führen vermehrt zu Maßregelungen, negativen Interaktionen und Ärger in sozialen Situationen. So schildern z. B. Grundschullehrkräfte bei Kindern mit ADHS-Symptomatik neben den

Kernsymptomen vermehrt Konflikte mit Mitschüler:innen, eine geringe Frustrationstoleranz oder aggressives Verhalten, das Ablenken von anderen Schüler:innen und das Nichteinhalten von Regeln (Ruhmland & Christiansen, 2017). Sie beanspruchen viel Aufmerksamkeit und sind so in der Betreuung besonders aufwändig.

Auch im sozialen Miteinander mit Gleichaltrigen zeigen sich Schwierigkeiten. So bauen Kinder mit ADHS seltener Freundschaften auf oder schaffen es nicht, diese dauerhaft aufrecht zu erhalten (z. B. Emser & Christiansen, 2021; Hoza, 2007; Cordier et al., 2018). Dies wird darauf zurückgeführt, dass sie mehr Schwierigkeiten im kooperativen Spiel, in der Perspektivübernahme oder in der Reaktion auf soziale Hinweise haben. In Beschreibungen von Eltern von betroffenen Kindern heißt es, dass ihre Kinder »sich anderen aufdrängen«, »ständig andere unterbrechen«, den »Klassenkasper« spielen oder »nicht verlieren können«.

Begleiterkrankungen – Komorbiditäten

Eine Komorbidität meint das gleichzeitige Auftreten mehrerer Störungsbilder bei einer Person. Für psychische Störungen im Allgemeinen ist dies nicht ungewöhnlich, bei ADHS sogar die Regel. Man geht davon aus, dass bei bis zu 85 % der von ADHS Betroffenen eine weitere Störung vorliegt. Das bedeutet, dass bei einem Kind, das mit Aufmerksamkeitsproblemen und impulsivem Verhalten zu einer diagnostischen Abklärung zu einer Fachperson geschickt wird, diese dringend auch »rechts und links« schauen sollte, um weitere Problematiken nicht zu übersehen, die eventuell auch behandelt werden müssen.

Tabelle 3.1 fasst die typischerweise gemeinsam mit ADHS auftretenden Störungen sowie deren prozentuale Häufigkeit (also bei wieviel Prozent der von ADHS Betroffenen diese weitere Störung vorkommt) zusammen (siehe Döpfner & Banaschewski, 2013).

3.1 ADHS – Erscheinungsbild

Tab. 3.1: Häufigkeit komorbider Störungen bei Kindern mit ADHS

Häufigkeit in %	Art der psychischen Störung
ca. 50 %	Oppositionelle Störungen (Trotzverhalten)
30–50 %	Störung des Sozialverhaltens
ca. 30 %	Tic-Störung
ca. 25 %	Angststörungen
15–20 %	Depressive Störung
10–25 %	Umschriebene Lernstörungen (Lese-Rechtschreibstörung, Rechenstörung)

Die *oppositionellen Störungen* zeigen sich darin, dass die betroffenen Kinder sehr häufig streiten (sowohl mit Eltern als auch mit Lehrkräften oder in jüngeren Jahren mit Erzieher:innen) und nicht tun, was von ihnen erwartet wird, kurz: Sie gehorchen nicht. Ein anderes typisches Anzeichen sind »Ärgerperioden«: Die Kinder geraten schnell in Wut, lassen sich leicht ärgern und sind dann sehr schwer wieder zu beruhigen. Andererseits provozieren sie andere gerne, sind selbst also auch Auslöser für negative Gefühle bei anderen und schieben gleichzeitig die Schuld für eigenes Fehlverhalten auf andere.

Bei der *Störung des Sozialverhaltens* verschärfen sich die Verhaltensprobleme in sozialen Situationen im Vergleich zu den oppositionellen Störungen. Es reicht von mangelnder Empathie gegenüber Menschen und Tieren und dem Verletzen sozialer Regeln (Einschüchterungen von anderen, Schlägereien, über Nacht trotz Verbots wegbleiben) bis hin zu strafbaren Handlungen (Zerstörung fremden Eigentums, Einbruch und Diebstahl).

Bei Kindern, die sehr früh sowohl Symptome von ADHS als auch einer Störung des Sozialverhaltens zeigen, geht man inzwischen von einer eigenständigen Störung aus, die früh und intensiv behandelt werden sollte, da die Entwicklungsprognose schlechter aussieht als bei einer ADHS als Ersterkrankung. Bei Kindern, die zuerst Symptome von ADHS zeigen und bei denen sich erst später Verhaltensweisen einer Störung des Sozialverhaltens entwickeln, geht man davon aus, dass diese durch ungünstige umweltbedingte Erfahrungen wie Ablehnung in der Schule und durch Gleichaltrige oder schwierigen Eltern-Kind-Interaktionen entsteht (Kain, Landerl & Kaufmann, 2008).

Ein *Tic* äußert sich entweder motorisch in unwillkürlichen, wiederholten raschen Bewegungen (z. B. Augenblinzeln, Schulterzucken, Grimassieren) oder vokal durch z. B. Räuspern, Grunzen oder Schnüffeln und Zischen bis hin zur unwillkürlichen (also nicht willentlich beeinflussbaren) Wiederholung einzelner Wörter. Nicht jede Tic-Störung muss tatsächlich behandelt werden, da vor allem Tics, die im Kindesalter auftreten, auch sehr häufig wieder von allein verschwinden. Gerade bei einem Auftreten von Tics bei bestehender ADHS müssen zwei Bedingungen berücksichtigt werden: Da eine Tic-Symptomatik durch schulischen und familiären Stress verstärkt werden kann und mit einer Reduktion dieser Belastungen auch die Tics weniger werden können, reicht eventuell eine Behandlung der ADHS aus. Sind allerdings Vermeidungs- und Rückzugstendenzen zu beobachten, die direkte Folgen von Tics sind, sollten diese auch direkt mit behandelt werden. Bei einer medikamentösen ADHS-Therapie ist zu berücksichtigen, dass diese die bestehenden Tics sowohl verstärken als auch verringern kann. Eine genaue Betrachtung der Bedingungen ist also angebracht.

Angststörungen treten gehäuft bei Kindern mit einem vorwiegend unaufmerksamen ADHS-Störungsbild und hier noch verstärkt bei Mädchen auf. Die Ängste können sich auf die mögliche Trennung von Bezugspersonen beziehen (sog. Trennungsangst), auf bestimmte Situationen oder Objekte (z. B. Tiere oder Insekten, Höhen oder große Plätze, Dunkelheit, den Besuch beim Zahnarzt oder das Betreten enger Räume) oder sich vor allem in sozialen Situationen zeigen, wenn entweder eine nicht altersangemessene Angst vor fremden, unvertrauten Personen oder vor einer Bewertung in einer sozialen Situation besteht (z. B. wenn man sich in der Klasse meldet). Dabei wirkt sich eine bestehende Angststörung verstärkend auf die Aufmerksamkeits- und Konzentrationsproblematik bei einer ADHS aus, sollte also bei der Diagnostik und Behandlung berücksichtigt werden (Kain et al., 2008).

3.2 Behandlungsmöglichkeiten

In den folgenden Abschnitten wird auf die Möglichkeiten von Interventionen bei Kindern mit einer ADHS näher eingegangen. Diese Abschnitte sind unterteilt in solche Interventionen, die primär beim Kind ansetzen, und solche, die auf die Eltern bzw. die Schule bezogen sind. Grundsätzlich sind bei den meisten Kindern sowohl Entwicklungsbereiche zu Hause (in der Familie und mit Freunden) als auch in der Schule von der ADHS-Symptomatik betroffen, sodass idealerweise alle Bereiche in die Behandlung einbezogen werden, um das Kind optimal zu unterstützen. Für jeden dieser Bereiche gibt es neben allgemeinen Empfehlungen der grundsätzlichen Haltungen und Umgangsweisen mit den betroffenen Kindern auch spezialisierte, systematisch überprüfte Trainings in Form manualisierter Programme. Sowohl das »Therapieprogramm für Kinder mit hyperkinetischem und oppositionellem Problemverhalten (THOP)« als auch das Selbsthilfemanual »Wackelpeter und Trotzkopf« wurden bereits in Kapitel 2 beschrieben (▶ Kap. 2.2). Beide richten sich an Eltern (Bezugspersonen) und deren Kinder im Altersbereich von drei bis zwölf Jahren und können damit sowohl für frühe und mehr präventiv ausgerichtete als auch für spätere, in der Grundschule sich manifestierende Problemlagen genutzt werden.

Behandlungsleitlinien

Für jede Erkrankung oder Störung werden für die mit den betroffenen Patient:innen befassten Behandelnden in regelmäßigen Abständen Leitlinien zur Behandlung erstellt (siehe Infokasten »Schon gewusst: Behandlungsleitlinien«). Diese sollen sicherstellen, dass Patient:innen eine auf aktueller wissenschaftlicher Basis fußende angemessene Behandlung erhalten.

Bevor auf einzelne Behandlungsbausteine eingegangen wird, werden zunächst diese Leitlinien zur Behandlung von ADHS zusammengefasst (Atkinson & Hollis, 2010; Graham et al., 2011):

- Im Vorschulalter werden Eltern- und Erziehenden-Trainingsprogramme empfohlen (▶ Kap. 2.2.2; siehe dazu auch: Herr et al., 2015; Weber et al., 2018; Mingebach et al., 2018); auf eine medikamentöse Behandlung soll verzichtet werden.
- Im Kindesalter sind bei einer moderaten Symptomatik verhaltenstherapeutische Programme für Eltern, Kinder und Erzieher:innen/Lehrkräfte die erste Wahl.
- Lediglich bei ausgeprägter Symptomatik im Kindesalter wird eine medikamentöse Behandlung empfohlen.
- Im Erwachsenenalter ist eine medikamentöse Behandlung die erste Wahl, die durch kognitive Verhaltenstherapie ergänzt werden kann, wenn die medikamentöse Behandlung nicht die gewünschten Erfolge zeigt oder die Patient:innen eine psychotherapeutische Behandlung wünschen.

Diese Leitlinien entsprechen im Kindesalter einem multimodalen Vorgehen und Medikamente sollten nur bei krisenhafter Zuspitzung oder dann zum Einsatz kommen, wenn verhaltenstherapeutische Ansätze nicht ausreichen. Trotz dieser Empfehlung sieht die Realität oftmals anders aus, da die Behandlung häufig primär pharmakologisch erfolgt und Verschreibungsraten für Psychostimulanzien kontinuierlich ansteigen (Dalsgaard, Mortensen, Frydenberg & Thomsen, 2014; Steinhausen & Bisgaard, 2014). Wenngleich eine Behandlung mit Psychostimulanzien kurzfristig sehr effektiv sein kann (Van der Oord, Prins, Oosterlaan & Emmelkamp, 2008), ist sie nicht immer die beste, da etwa 30 % der mit Medikamenten behandelten Kinder darauf nicht in der erwarteten Weise reagieren (sog. »Non-Responder«; Lofthouse, Arnold & Hurt, 2012) und unerwünschte Nebenwirkungen wie Schlafstörungen und Appetitverlust häufig berichtet werden (Graham et al., 2011). Langfristige medikamentöse Effekte sind bislang nicht ausreichend untersucht und nach Absetzen der Psychostimulanzien bleiben Verbesserungen häufig aus (Molina et al., 2009). Zwischen 44 % und 75 % der mit Psychostimulanzien behandelten Kinder scheinen langfristig nicht zufriedenstellend zu profitieren (Molina et al., 2009). Schützende langfristige Effekte z. B. auf einen späteren Substanzkonsum (Molina et al., 2009, 2013) oder auf akademische Erfolge, soziale und interpersonelle Fertigkeiten zeigen sich ebenfalls nicht durchgängig (Molina et al., 2009; Mrug et al., 2012; Van de Loo-Neus, Rommelse & Buitelaar, 2011). Auch werden die Unabhängigkeit der Studien von der Pharmaindustrie sowie deren wissenschaftliche Qualität kontrovers diskutiert (z. B. Storebø et al., 2018).

> **Zum Vertiefen: Wissenschaftliche Befunde zu Behandlungen bei ADHS**
>
> In einer eigenen Studie, die die bestehenden Meta-Analysen und Reviews zu Interventionen bei ADHS untersuchte, konnten wir insgesamt 49 Meta-Analysen identifizieren (Türk, 2019): 12 zu Psychostimulanzien, 13 zu non-pharmakologischen Therapien, 6 zu Omega-3-Fettsäuren, 2 zur Kombination von Psychostimulanzien und Verhaltenstherapie (VT), 5 zu Neurofeedback, 4 zu exekutiven Trainings, 3 zu Sport und 2 zu achtsamkeitsbasierten Interventionen. Eine Meta-Meta-analytische Betrachtung dieser Ergebnisse zeigt, dass die alleinige Psychostimulanzienbehandlung mit einem homogenen und stabilen Effekt verbunden ist (SMD .87, fail-safe n = 134). VT allein resultiert in einem moderaten heterogenen Effekt (SMD .44, fail-safe n = 9); die Kombinationsbehandlung (Psychostimulanzien + VT) in einem großen, aber heterogenen Effekt (SMD 1.38) und die Zahl der Studien zur Kombinationsbehandlung ist zu gering (k = 2), um sichere Schlüsse daraus zu ziehen. Da aber auch die Behandlungsleitlinien »stepped care« empfehlen, liegt es nahe, bei unzureichendem Behandlungserfolg die Kombinationsbehandlung durchzuführen. Neurofeedback erzielt keinen signifikanten und dabei heterogenen Effekt (SMD .32, fail-safe n = 32), wie auch die Behandlung mit Omega-3-Fettsäuren (SMD .39), das Training exekutiver Funktionen (SMD .32) und Sport (SMD .34). Achtsamkeitsbasierte Interventionen erreichen einen großen, aber ebenfalls nicht signifikanten Effekt (SMD .76).
>
> Verschiedenen Studien zeigen, dass Lehrkrafturteile in anderen Effekten als Elternurteile resultieren und z. B. durch geringes Störungswissen verzerrt sein können (Alkahtani, 2013; Anderson, Watt & Noble, 2012; Bekle, 2004; Schmiedeler, 2013; Sciutto, Terjesen & Frank, 2000) bzw. sich Halo-Effekte zeigen können (Sayal et al.,

2010). In der aktuellen Meta-Meta-Analyse konnten wir keine signifikanten Unterschiede zwischen Lehrkraft- und Elternurteilen finden (Türk, 2019).

Eine eigene Studie, die Neurofeedback mit einem Selbstmanagementtraining vergleicht, zeigt für beide Therapien eine bedeutsame Symptomreduktion (Christiansen, Reh, Schmidt & Rief, 2014). Wahrscheinlich trägt das hochfrequente Behandlungssetting (dreimal wöchentlich) zu diesen Effekten bei, da sich Kinder mit ADHS häufig durch eine reduzierte Frustrationstoleranz auszeichnen und schnelle Erfolge bevorzugen. Insofern sollten Therapieforschungsstudien nicht nur verschiedene Therapieansätze, sondern auch Behandlungsmodalitäten (z. B. Anzahl Termine pro Woche, Einsatz von Token-Ökonomien, begleitende Elterntrainings, Einbezug der Lehrkräfte, Behandlung komorbider Störungen, Medikation etc.) untersuchen.

3.2.1 Manualisierte Programme

Die im Folgenden beschriebenen Programme richten sich direkt an die betroffenen Kinder, versuchen also direkt bei den Kindern eine Veränderung in den Bereichen der Aufmerksamkeitssteuerung, Konzentration und Impulsivität zu erreichen.

Attentioner

Dieses Programm basiert auf neuropsychologischen Grundlagen in Verbindung mit verhaltenstherapeutischen Techniken und wird in Kleingruppen durchgeführt, in denen die Kinder im Verlauf von 15 Trainingsstunden lernen sollen, die Aufmerksamkeit besser zu steuern (d. h. sich auf wichtige Informationen zu konzentrieren) und sich weniger ablenken zu lassen. Gleichzeitig sollen durch die Bearbeitung in Gruppen soziale Kompetenzen sowie das Selbstwertgefühl gestärkt werden (Jacobs & Petermann, 2013).

Das Training wird aktuell vor allem durch ergotherapeutische Praxen angeboten.

Training mit aufmerksamkeitsgestörten Kindern

Das von Gerhard Lauth und Peter Schlottke inzwischen in der siebten Auflage (2019) erschienene Interventionsprogramm richtet sich an Therapeut:innen, die mit Kindern mit entsprechenden Auffälligkeiten arbeiten. Es bietet fünf miteinander kombinierbare Therapiebausteine an, die je nach individuellem Störungsschwerpunkt eingesetzt werden können.

Nach einer grundlegenden Diagnostik, zu der auch die umfassende Erfassung der Lebensumwelt des Kindes gehört (z. B. Schule, Problemsicht des Kindes selbst, Beobachtungen in der Familie), sollen diese Bausteine so zusammengestellt werden, dass die Störungsschwerpunkte gezielt behandelt werden. Dabei basiert das Training auf einem integrativen Störungsmodell, das von biologischen und neurophysiologischen Risiken ausgeht, die zu einer eingeschränkten Selbststeuerung führen, welche auffälliges Verhalten begünstigt und letztlich in Problemverhalten mündet. Interaktionen mit der Umwelt, z. B. strafendes Elternverhalten und der Einsatz ungünstiger Verstärker, tragen danach zu einer Problemverschärfung bei.

Der Behandlungsschwerpunkt liegt in Bezug auf die Kinder auf den Einschränkungen ihrer Selbststeuerung, der unzureichenden Verhaltensorganisation, auf Fertigkeitsdefiziten, Einschränkungen der Emotionsregulation und dem daraus resultierenden auffälligen Verhalten.

Daneben werden auch die Reaktionen des Umfeldes wie das elterliche interaktive Zwangsverhalten (z. B. direktiver, wenig einfühlsamer und kontrollierender Erziehungsstil), der häufig zu beobachtende Einsatz negativer Verstärker, der mit einem Mangel an positiver Anleitung einhergeht, und die Belastungen der relevanten Bezugspersonen berücksichtigt.

Das in vier Therapiebausteine aufgeteilte Training beinhaltet konkret:

- *Basistraining*: Förderung und Training grundlegender Selbstregulationskompetenzen wie z. B. »genau hinschauen« und »nicht sofort reagieren« sowie Einheiten zur Emotionsregulation (Gefühle als Signal erkennen, Steuerung von Emotionen)

- *Strategietraining*: das Verhalten in komplexeren Handlungen kontrollieren lernen, Erlernen von Selbstanweisungen, z. B. über das Fassen von Plänen für »kritische Situationen« sowie Trainingseinheiten zu Emotionen

Die Bausteine zur Eltern- und Lehrkraftberatung beinhalten die Vermittlung von Störungswissen und eine Verbesserung der Interaktion sowie Förderung des Kindes auf Basis identifizierter Ressourcen. Speziell für Eltern enthält es noch eine Anleitung zur Unterstützung der Hausaufgabensituation, bei Lehrkräften werden schwierige Unterrichtssituationen thematisiert.

3.3 Eltern – Möglichkeiten der Einflussnahme

Die Familien von Kindern mit einer ADHS-Symptomatik sind auf ganz unterschiedlichen Ebenen betroffen. Das reicht vom Nichtbeachten einfacher Anweisungen, dem Ärger beim morgendlichen Anziehen über das scheinbar distanzlose Verhalten in der Öffentlichkeit bis hin zu Konflikten mit den Geschwistern. Dabei ist klar, dass das Verhalten des Kindes mit ADHS einen Einfluss hat auf das Verhalten der Eltern, Geschwister und der ganzen Familie. Aber auch umgekehrt gilt, dass die Familien mit ihrem Verhalten auf die Kinder einwirken, also der Umgang der Eltern mit dem Verhalten ihrer Kinder Auswirkungen hat. Grundsätzlich haben Studien zur Interaktion in Familien mit einem Kind mit ADHS gezeigt, dass sowohl die Interaktion zwischen den Eltern und den Kindern als auch zwischen den Geschwistern schwieriger und belastender für alle Familienmitglieder ist als in anderen Familien. In einigen Studien haben sich Hinweise darauf ergeben, dass in Familien mit einem Kind mit ADHS mehr »Negativität« und »Kontrolle« herrscht, also wenig Wärme und Akzeptanz, geringeres Eingehen und mehr Kritik sowie strenges, überbehütendes Verhalten. Das bedeutet aber nicht, dass diese Faktoren bei den Kindern ADHS auslösen, sondern diese wechselseitig mit dem kindlichen Verhalten auftreten, sie also auch eine Reaktion auf das kindliche Verhalten darstellen (Asbrand, Lerach & Tuschen-Caffier, 2015). Aber auch in Bezug auf die Eltern selbst liegen Befunde aus Studien zu ADHS vor. So fühlen sich diese gestresster als andere Eltern, sie haben vermehrt Schuldgefühle, nehmen sich als weniger kompetent in der Elternrolle wahr und berichten über mehr Paarkonflikte (z. B. Cape et al., 2017).

Kinder mit ADHS bieten also besondere Herausforderungen und Eltern (oder wichtige Erziehungspersonen) brauchen besondere Anleitung und Unterstützung. Das Ziel ist dabei auf der einen Seite, das Verständnis für die Symptomatik und damit die Verhaltensweisen des Kindes zu erhöhen, und auf der anderen Seite, das Erziehungsverhalten gezielt zu optimieren, um Verhaltensprobleme zu verringern und damit eventuell auch psychosoziale Beeinträchtigungen zu reduzieren. Gleichzeitig sollte die Belastung der Eltern selbst im Blick behalten und deren Stresserleben reduziert und Kompetenzerleben erhöht werden.

Was bedeutet das konkret?

Zum einen können Eltern sich inzwischen durch Beratung, Bücher, aber auch Internetseiten sehr gut und umfangreich informieren. Ein »Klassiker« ist das »große ADHS-Handbuch für Eltern« von R. A. Barkley, das seit mehr als 20 Jahren in regelmäßigen Überarbeitungen erscheint (Barkley, 2011). Auf sehr verständliche Weise werden sowohl grundlegende Informationen zu der Störung an sich als auch hilfreiche Maßnahmen für den Umgang zu Hause und in der Schule geboten.

3.3.1 Grundsätzliche Prinzipien des Umgangs

An dieser Stelle soll es darum gehen, wie der Alltag für Familien mit einem Kind mit ADHS erleichtert werden kann. Hauptproblem sind dabei die enormen Schwierigkeiten dieser Kinder, sich selbst zu regulieren, also Gedanken, Gefühle und Handlungen planvoll zu steuern und zu kontrollieren. Als zentral hat sich hierfür das Strukturieren des Alltags erwiesen, was den Kindern ein zuverlässiges Gerüst für ihr Handeln gibt.

3 ADHS in der mittleren Kindheit

Struktur in den Alltag legen

Dies bezieht sich auf kleinster Ebene auf den *Tagesablauf*: Kinder mit ADHS sollten stets zur gleichen Uhrzeit aufstehen, unabhängig davon, ob Schule ist oder nicht (also auch in den Ferien). Weitere Tagesstrukturen sollten so stabil wie möglich gehalten werden (z. B. Mahlzeiten, Hausaufgabenzeit, zu Bett gehen etc., ▶ Kap. 2.3).

Ein übersichtlicher *Kalender*, in den alle festen und gemeinsam mit dem Kind geplanten Termine eingetragen werden, sollte gut sichtbar aufgehängt werden. Wichtig ist dabei, dass diese Termine verbindlich für alle sind und nicht ständig verändert werden können.

Feste *Routinen* sollten sich durch den Alltag ziehen:

- Routinen beim Wecken und Zubettgehen
- Familienrituale bei den Mahlzeiten (z. B. an den Händen fassen, »Guten Appetit«)
- Immer gleicher Ablauf beim Aufbruch in die Schule und beim Nachhause-Kommen
- Feste Aufgaben im Haushalt (z. B. Tisch decken, abräumen, Müll wegbringen)

Zur Strukturierung des Alltags gehört es auch, das Zimmer und vor allem den Arbeitsplatz zum Erledigen der Hausaufgaben übersichtlich und aufgeräumt zu halten, um möglichst wenig Ablenkung zu bieten.

Familienregeln

Grundsätzlich brauchen Kinder mit ADHS mehr Rückmeldungen als andere Kinder, um ihr Verhalten regulieren zu können. Gleichzeitig fordern Kinder mit ADHS ihre Eltern durch ihr überaktives und teilweise impulsives Handeln deutlich stärker heraus. Je nach der eigenen Verfassung und Stimmung kann das dazu führen, dass man als Elternteil mal lässiger reagiert, mal aber auch unwirsch und härter als eigentlich gewollt. Um hier für die Kinder berechenbar zu bleiben und Halt zu bieten, ist es enorm wichtig, sich über eigene Ansprüche und Haltungen zu

Regeln im Alltag im Klaren zu sein. Für alle Kinder sind im Aufwachsen sowohl Freiheiten als auch Grenzen wichtig. Die Freiheiten werden gebraucht, um sich auszuprobieren und eigene Ressourcen zu erkunden, aber auch persönliche Grenzen zu erleben. Die von Eltern gesetzten Grenzen brauchen Kinder, um die Regeln des Zusammenlebens zu begreifen. Grenzen bieten Orientierung und Sicherheit.

Bei der Aufstellung von Familienregeln sollten Eltern diese beiden Pole im Blick behalten: Wieviel Freiheit können wir zulassen und wieviel Grenzen sind notwendig? Die Familienregeln sollten (ggf.) von beiden Elternteilen getragen werden; diese sollten auch für die Einhaltung der Regeln sorgen können und bei Nichteinhalten sinnvolle Konsequenzen folgen lassen. Zuletzt sollte es bei einer übersichtlichen Menge an Regeln bleiben, damit der Familienalltag nicht »erdrückt« wird und die Eltern sie auch im Blick behalten können. Diese aufgestellten Regeln sollten mit der gesamten Familie besprochen und der Sinn erklärt werden, sodass das Einhalten von allen getragen wird.

Sport und Natur erleben

Die positive Wirkung von Sport auf die grundlegende körperliche Gesundheit ist vielfältig besprochen und in Studien zum gesunden Aufwachsen von Kindern belegt worden. Aber auch psychologische Bereiche wie die Stimmung, Konzentration und Aufmerksamkeit werden durch Sport positiv beeinflusst. Da bei vielen Kindern mit ADHS Sportlichkeit und körperliche Fitness als Bereiche gelten, in denen sie besondere Stärken haben, ist die Förderung von Aktivitäten im Sport also in zweierlei Hinsicht sinnvoll: Zum einen werden potenziell die Konzentration und Aufmerksamkeit verbessert, zum anderen können sie sich selbst hier als erfolgreich und selbstwirksam erleben, was wiederum die Stimmung positiv beeinflusst.

Ähnlich verhält es sich mit der Natur: Das Aufhalten im Grünen, das Bewegen in der Natur zeigt grundlegende positive Wirkungen auf Stimmung und Wohlbefinden. Kleine Studien zeigen auch für Kinder mit ADHS einen positiven Einfluss auf kognitive Funktionen nach Bewegungen in der Natur. Zwar sind hier noch keine umfassenden Forschungsergebnisse zu finden, aber grundsätzlich sind die Möglichkeiten, sich im

Grünen auszutoben und zu bewegen sinnvoll und hilfreich für alle Familien, erst recht für solche mit Kindern mit ADHS.

Positive Zuwendung

Kinder, die unter ADHS leiden, erhalten aufgrund ihres impulsiven Verhaltens, ihrer Vergesslichkeit, ihres scheinbaren Ungehorsams sehr viel mehr negative Rückmeldungen aus der Umwelt als andere Kinder. Daher ist es umso wichtiger, den Blick auf das Positive zu richten und sie für die Dinge, die gut laufen, auch verstärkt zu loben. Ein erster Schritt für Eltern, um den Blick auf das Positive zu richten, könnte sein, abends vor dem Gute-Nacht-Sagen kurz zu erzählen, was aus ihrer Sicht alles gut gelaufen ist. Das kann sein, dass alle Sportsachen wieder mitgebracht wurden, dass die Katze gefüttert wurde oder die Schuhe gleich beim Reinkommen ausgezogen wurden. Diese positiven Rückmeldungen sind zum einen für das Kind ungeheuer wertvoll, aber auch für die Eltern ist es wohltuend zu bemerken, was ihr Kind alles kann und gut macht.

Positive Zuwendung und Lob sollten weiterhin in ein System von unmittelbaren Rückmeldungen eingebunden werden, das im nächsten Abschnitt näher beschrieben wird.

3.3.2 Spezifische Strategien bei Verhaltensproblemen

Das Zusammenleben mit einem Kind mit ADHS ist häufig von Konflikten, Ärger, Wut und Tränen geprägt. Neben den weiter oben beschriebenen grundsätzlichen Prinzipien des Alltags kann ein strukturiert durchgeführtes »Verhaltenstraining« zu deutlichen Verbesserungen in der häuslichen Situation führen. Sehr empfehlenswert ist das »Acht-Schritte-Programm« von Barkley, das er in seinem Handbuch für Eltern (3. Aufl., 2011) detailliert beschreibt. Jeder einzelne Schritt sollte (mindestens) für eine Woche durchgeführt werden und erst wenn dieser problemlos funktioniert, sollte der nächste in Angriff genommen werden. Eltern und Kinder haben ihr Verhalten und ihre jeweiligen Reaktionen über Monate und Jahre aufgebaut und »eingeübt«, daher sollten man sich darauf einstellen, dass es ein wenig Zeit braucht, um hier Veränderungen zu installieren.

Der *erste Schritt* besteht in dem bewussten Geben positiver Zuwendung. Dies geschieht in der Gabe von »Extrazeit« (etwa 20 Minuten), zunächst täglich, in späteren Phasen etwa drei- bis viermal in der Woche. Diese Extrazeit sollte beim Spielen des Kindes erfolgen und besteht vor allem im Zeigen von Interesse und durch nonverbale (z. B. Umarmung, Tätscheln von Kopf oder Schulter, …) und verbale Formen der Anerkennung (z. B. »Das klappt ja richtig gut«, »Ich finde es schön, dass du…«, »Das kannst du ja schon wie ein Großer«, …). Das positive Feedback sollte immer sofort gegeben werden und keine unglaubwürdigen Komplimente enthalten. Zu Beginn braucht das etwas Übung, vor allem, wenn die negativen Interaktionen sehr eingespielt sind. Der Übergang zum nächsten Schritt sollte erst erfolgen, wenn die Eltern sich in diesem Geben positiver Zuwendung wohl und sicher fühlen.

Der *zweite Schritt* besteht im bewussten Setzen von Aufmerksamkeit. Dieser Schritt bedeutet im Prinzip eine Ausweitung der positiven Zuwendung in der Extrazeit auf Situationen, in denen sich das Kind kooperativ zeigt und gegebenen Anweisungen folgt. Sobald eine Anweisung gegeben wurde, sollte die Ausführung unmittelbar kommentiert werden, also ein positives Feedback erfolgen. Das bedeutet natürlich, dass man als Elternteil anwesend bleiben muss. Beginnen kann man diesen Schritt daher am besten mit kleinen »Hilfestellungen« – wie »Reichst du mir mal das Handtuch?« oder »Hol mir mal den Besen« –, also einfachen Aufträgen, die schnell zu befolgen sind. Später kann man komplexere Anforderungen stellen und das Kind (nachdem man geschaut hat, dass es mit der Ausführung beginnt – dafür auch loben!) auch einen Moment allein lassen. Sofern das Kind eine Anweisung nicht befolgt, sollte das einfach übergangen und später ein neuer Versuch gestartet werden. Die Aufgabe für Schritt zwei ist, Gelegenheiten zu schaffen, bei denen das Kind Aufforderungen befolgt, und es dafür zu loben.

Im *dritten Schritt* sollen die Eltern üben, effektive Anweisungen zu geben. Kinder mit ADHS hören deutlich besser auf das, was ihnen gesagt wird, wenn man dabei konkrete Punkte berücksichtigt:

- Nur dann Anweisungen geben, wenn man es auch ernst meint, d. h. auch durchsetzen kann.
- Die Anweisungen so formulieren, dass die Aussage klar und deutlich ist (keine Bitte oder Frage formulieren).
- Nur eine Anweisung auf einmal geben.
- Sicherstellen, dass das Kind auch zuhört (über Blickkontakt!).
- Dafür sorgen, dass keine Ablenkung besteht, wenn die Anweisung gegeben wird (z. B. durch Fernseher, Musik oder Computer…).
- Das Kind soll die Anweisung wiederholen, wenn nicht sicher ist, ob es diese gehört oder verstanden hat.
- Sofern das Kind alt genug ist, um Aufgaben im Haushalt zu übernehmen, und es lesen kann, können Aufgabenkarten helfen. Auf diesen Karten werden die Schritte zur Ausführung der Aufgabe zusammengefasst.
- Dem Kind sollten konkrete Zeitvorgaben gemacht werden. Die Aufforderungen sollten also erst dann gestellt werden, wenn die Aufgaben erledigt werden sollen, und dann mit einer überschaubaren Zeitvorgabe versehen werden (z. B. »es ist Zeit, die Katze zu füttern. Ich stelle die Eieruhr auf zehn Minuten. Mal sehen, ob du das in der Zeit schaffst«).

Mit dem *vierten Schritt* bringt man dem Kind bei, sich weiter selbst zu beschäftigen, wenn die Eltern gerade anderen Aktivitäten nachgehen (wie Telefonieren, Essen kochen oder Schreibkram erledigen…). Hierfür wird dem Kind zunächst angekündigt, dass man nun etwas erledigen möchte und was es selbst in dieser Zeit tun soll (z. B. »… Du bleibst so lange hier in deinem Zimmer und schneidest weiter die Bilder aus«). Diese Aufgabe sollte etwas für das Kind Interessantes sein, was es auch gerne macht. Dann wird es angewiesen, in dieser Zeit nicht zu stören oder die Eltern zu unterbrechen. Wichtig ist nun, dass das Kind für das Nicht-Stören auch gelobt wird. Die eigene Tätigkeit wird also unterbrochen (zunächst alle ein bis zwei Minuten, dann kann diese Zeit immer weiter ausgedehnt werden), um dem Kind rückzumelden, dass es das gut macht – und weiter allein spielen und nicht stören soll. Zu Beginn dieses neuen Verhaltens soll das Kind also sehr häufige und unmittelbare Zuwendungen und Lob erhalten, im Verlauf langsam weniger.

Der *fünfte Schritt* beinhaltet die Einführung eines Belohnungssystems. Für ältere Kinder können das Punkte sein, die gesammelt werden, bei jüngeren ist es sinnvoll, etwas Greifbares wie Spielchips oder Steinchen zu nutzen. Diese Punkte oder Chips werden als Belohnungen gesammelt, um sie dann bei Erreichen einer bestimmten Anzahl gegen etwas Besonderes einzutauschen. Das Besondere sollte in einer Liste festgehalten werden und zwischen 10 und 15 Dinge enthalten, angefangen mit Alltäglichem wie Fernsehen, bestimmte Spiele spielen bis hin zu Aufwändigerem wie ins Kino gehen oder ein Spielzeug kaufen. Wichtig sind dabei nicht die Kosten, die aufgebracht werden müssen, sondern, dass es dem Kind Freude bereitet. Dann wird eine Liste mit Aufgaben und Arbeiten erstellt, die üblicherweise erledigt werden sollen: Tisch decken oder abräumen, Müll rausbringen etc. sowie von Dingen, bei denen es oft Schwierigkeiten gibt: z. B. sich morgens anziehen, pünktlich zur Schule aufbrechen oder Zähne putzen. Nun wird für jede Aufgabe bestimmt, wie viele Punkte oder Chips die Erledigung jeweils wert ist und zu guter Letzt, wieviel Chips oder Punkte für eine Belohnung auf der Liste einzusetzen sind.

Gemeinsam mit dem Kind wird diese Liste transparent geführt und die gesammelten Punkte/Chips können gegen Belohnungen eingetauscht werden. Wichtig ist, dass in dieser Einführungsphase erarbeitete Punkte bei Fehlverhalten nicht wieder abgenommen werden (verdient ist verdient).

Dieses Belohnungssystem einzuführen, erfordert viel Überlegung und Planung, um hilfreich eingesetzt zu werden. Auch in dem Elternratgeber »Wackelpeter und Trotzkopf« (Döpfner & Schürmann, 5. Aufl. 2017) sind konkrete Hinweise zum Aufbau eines solchen Punkteplans zu finden.

Der *sechste Schritt* beinhaltet nun das Hinzunehmen von negativen Konsequenzen, wenn sich besonderes Problemverhalten zeigt, das sich nicht durch die positiven Zuwendungen in den Griff bekommen lässt. Wichtig ist, zunächst alle anderen Maßnahmen durchgeführt und verstetigt zu haben, bevor es an die »Kosten« geht. Wenn also der Punkteplan etabliert ist und die Durchführung gut funktioniert (das dauert sicher ein bis zwei Wochen), kann man gezielt beginnen, bei besonders schwierigem Verhalten (d. h., wenn das Kind sich weigert, vereinbarte

Dinge zu tun, besonders renitent, wütend oder bockig reagiert) erarbeitete Punkte oder Chips abzuziehen. Das sollte genauso transparent geschehen, wie das Verdienen von Punkten, d. h. für Nicht-Erledigen werden genauso viele Punkte abgezogen wie für das Erledigen vorgesehen sind. Grundsätzlich muss aber darauf geachtet werden, dass die Belohnungen die Bestrafungen überwiegen. Barkley schlägt dabei eine »3:1-Regel« vor: Auf drei Belohnungen sollte höchstens eine Bestrafung kommen, damit das Kind nicht grundsätzlich die Motivation verliert, sich an die Regeln zu halten.

Der *siebte Schritt* wird gestartet, wenn das in Schritt sechs angegangene Fehlverhalten seltener wird. Dann können ein oder zwei weitere problematische Verhaltensweisen in den Blick genommen werden, d. h. das System wird ausgeweitet und weiter verstetigt.

Der *achte und letzte Schritt* bedeutet, die in den ersten Wochen erarbeiteten Maßnahmen auf Situationen in der Öffentlichkeit anzuwenden. Nachdem also alle Regelungen im privaten Umfeld eingeführt und sicher angewendet werden, kann dazu übergegangen werden, diese in Situationen wie in Geschäften, im Restaurant oder beim Besuch von anderen Familien einzusetzen. Dabei sollte vor der betreffenden Situation in einer kleinen »Auszeit« zunächst erläutert werden, wie die wichtigsten Regeln (nicht mehr als drei!) für die Situation aussehen, also wie sich das Kind verhalten sollte. Dann wird eine Belohnung festgesetzt für das Befolgen sowie eine Bestrafung, sofern die Regeln nicht befolgt werden. In Situationen, in denen für das Kind schnell Langeweile aufkommen könnte, ist es gut, dem Kind eine Beschäftigung zu geben (z. B. ein kleines Spiel im Restaurant, beim Einkauf den Wagen schieben oder Dinge aus dem Regal holen etc.).

3.3.3 Auftanken eigener Reserven

Das Großziehen eines Kindes mit ADHS ist nervenaufreibend und kräftezehrend. Die Anforderungen an die eigene Strukturiertheit und die Aufwendung von zeitlichen Ressourcen ist sehr viel größer als bei Kindern ohne diese Problematik. Um hier nicht irgendwann auszubrennen, ist es ungemein wichtig, für sich als Eltern Möglichkeiten zu entdecken, die eigenen Reserven aufzutanken.

Eltern sollten sich zum einen Auszeiten einplanen: Zeiten, in denen sie nicht zuständig sind, Bücher lesen, faulenzen oder etwas anderes Wohltuendes machen wie Freunde treffen oder im Frühling draußen sitzen und Kaffee trinken. Solche »kleinen« Auszeiten sind einfacher zu regeln, wenn man ein Elternpaar ist – dann kann man sich abwechseln. Aber auch wenn man allein zuständig ist oder auch als Paar gemeinsame Zeiten nutzen möchte: Versuchen Sie, Unterstützung zu erhalten: Freunde, Verwandte, die für eine bestimmte Zeit das Kind übernehmen.

Daneben gilt wie für die Kinder: Sport treiben unterstützt den Stressabbau; wenn man sich draußen bewegt, kann man freier atmen. Manche Menschen nutzen auch Entspannungsübungen, um wieder zu Kräften zu kommen.

Auch ein Kuraufenthalt kann helfen, um zum einen eigene Kraftreserven zu füllen, aber auch zum anderen, um in Kontakt mit anderen betroffenen Eltern zu kommen. Seit einigen Jahren haben Anbieter von Mutter-/Vater-Kind-Kuren auch spezielle Angebote für Familien mit ADHS-Betroffenen entwickelt, die auch die speziellen Bedürfnisse dieser bedienen.

3.4 ADHS in der Grundschule

Der Eintritt in die Grundschule bedeutet für viele Kinder mit ADHS eine Verstärkung der Schwierigkeiten. Zum einen müssen sie sich den Anforderungen des Unterrichts stellen: über längere Phasen ruhig sitzen bleiben, aufmerksam zuhören, abwarten, bis man selbst etwas sagen darf, und dabei im Sinn behalten, was man sagen wollte, andere ausreden lassen, auch wenn man selbst unglaublich viele Ideen im Kopf hat. Zum anderen erhalten sie vermehrt negative Rückmeldung zu ihrem Verhalten: Die Lehrkräfte ermahnen sie, besser zuzuhören, sich an die Klassenregeln zu halten, oder fragen, warum schon wieder die Hausaufgaben unvollständig sind. Die Mitschüler:innen sind genervt von den ständigen Störungen oder davon, dass die Aufmerksamkeit der Lehrkraft ständig durch das Kind mit ADHS gebunden wird.

3 ADHS in der mittleren Kindheit

Fragt man Lehrkräfte, welches Verhalten ihnen bei Kindern mit ADHS-Symptomen besonders auffällt, werden neben den Kernsymptomen von Unaufmerksamkeit und Hyperaktivität vor allem Konflikte mit Mitschüler:innen, eine geringe Frustrationstoleranz, das Ablenken andere Kinder und das Nichteinhalten von Regeln benannt (Ruhmland & Christiansen, 2017). Zieht man dazu noch in Betracht, dass Kinder mit ADHS auch noch vermehrt unter Lernbeeinträchtigungen (Lese-/Rechtschreibschwäche, Dyskalkulie) leiden, wird anschaulich, dass diese Kinder besonders viel Aufmerksamkeit und Zuwendung einfordern.

In den vergangenen Jahren sind auch in Deutschland verstärkt Versuche unternommen worden, für Lehrkräfte Unterstützungsangebote zu schaffen. International wird die Unterstützung von Kindern mit ADHS im Unterricht als ein zentraler Baustein in deren Behandlungsmanagement angesehen. Kinder mit ADHS bleiben oft unter ihrem potenziellen Leistungsniveau, sie müssen häufiger Klassen wiederholen, werden vom Unterricht ausgeschlossen und erreichen geringere Bildungsabschlüsse als Kinder mit vergleichbaren kognitiven Fähigkeiten. Da die Maßnahmen im Elternhaus ganz andere Situationen im Fokus haben, sind auch dort eingeführte Routinen nicht automatisch am Vormittag in der Schule wirksam. Die Gabe von Medikamenten (z. B. Methylphenidat in Form von Ritalin) zeigt vormittags eine Wirkung, allerdings primär, indem die Kinder sich angepasster und ruhiger verhalten, aber nicht in Bezug auf verbesserte schulische Erfolge.

Was können Lehrkräfte also tun, um zum einen die Kinder zu unterstützen, aber auch, um der Klasse insgesamt zu einem besseren Klima zu verhelfen, das auch für die anderen Kinder wertvoll ist?

Zunächst empfiehlt es sich, ähnlich wie bei den Eltern, möglichst viel über die Störung selbst zu erfahren. In Studien hat sich gezeigt, dass schon das Wissen über die Störung und spezifische Behandlungsmöglichkeiten bei Lehrkräften zu Veränderungen in ihrem Verhalten und darüber zu Verbesserungen der Symptomatik führen kann. In einer Zusammenfassung der internationalen Studienergebnisse zum Einfluss von Faktoren der Lehrkräfte auf Kinder mit ADHS schließen Sherman et al. (2008), dass Lehrkräfte, die ruhig agieren, gutes Wissen über Interventionstechniken aufweisen, in der Lage sind, mit multiprofessionellen Teams zu kooperieren, und eine positive Einstellung gegenüber Kindern mit besonderen Bedarfen haben, einen positiven Einfluss auf den schulischen Erfolg und das Verhalten von Kindern mit ADHS haben. Weiter zeigt sich, dass die Einstellung und das Wissen von Lehrkräften über ADHS und Kinder mit dieser Störung auch einen Einfluss darauf haben, ob und in welcher Form sie evaluierte Maßnahmen im Unterrichten anwenden (Dort et al., 2020a, 2020b; Strelow et al., 2021).

In den folgenden Abschnitten werden konkrete Hinweise für Handlungsmöglichkeiten im schulischen Bereich gegeben. Dabei lassen sich die Interventionen grob in drei Bereiche einteilen, die sich alle in Wirksamkeitsstudien als hilfreich erwiesen haben:

- Veränderung/Anpassung in Bezug auf vorhergehende Bedingungen (also Interventionen, die sich auf Umgebungsbedingungen wie die Sitzordnung oder die Art der Aufgabenstellung beziehen)
- Konsequenz-basierte Interventionen (Belohnung und Verstärkung von erwünschtem Verhalten, Korrektur von nicht-erwünschtem Verhalten)
- Anleitung zur Selbstregulation (Entwicklung von Selbstkontrollfähigkeiten und Problemlösefähigkeiten wie z. B. Selbstinstruktionen, Monitoring, und Selbstverstärkung)

Diese Handlungsebenen werden in den folgenden Abschnitten mit unterschiedlichem Fokus eingeführt und erläutert.

3.4.1 Manualisierte Programme

Auch für den schulischen Unterricht sind inzwischen einige empirisch überprüfte Trainingsprogramme herausgegeben worden. Drei dieser Programme sind vor allem für den Unterricht in Grundschulklassen hilfreich und werden im Folgenden kurz dargestellt.

ADHS in der Schule: Übungsprogramm für Lehrer
(Lauth, 2014)

Hierbei handelt es sich um ein standardisiertes Fort- und Weiterbildungsprogramm, das als Gruppentraining mit vier bis zwölf Teilnehmenden durchgeführt werden kann. Insgesamt sind sieben Sitzungen à zwei Stunden vorgesehen, die wöchentlich stattfinden und in denen die Erfahrungen der teilnehmenden Lehrkräfte mit eigenen Unterrichtsbeispielen genutzt werden, um die Übungseinheiten auch bestmöglich in den eigenen Lehralltag transferieren zu können. Die Inhalte der Bausteine betreffen zunächst grundlegendes Wissen zu ADHS mit der Betonung, diese als eine Störung der Selbstregulation, bei der die Kinder vor allem Unterstützung in der Handlungsregulierung brauchen, zu begreifen. Weiter werden die Möglichkeiten von strukturierenden Maßnahmen des Schulalltags, das Antizipieren schwieriger Situation sowie konkrete Interventionen in Bezug auf Lob und Verstärkung von gewünschtem Verhalten sowie die Zusammenarbeit mit den Eltern thematisiert.

Für Lehrkräfte wird sehr anschaulich und auf konkrete Maßnahmen bezogen Hilfestellung angeboten, z. B. auch beim Erstellen von Verstärkerplänen (▶ Kap. 3.4.2), und der Blick auf positive Eigenschaften und Möglichkeiten der Kinder gelenkt.

Schulratgeber ADHS. Ein Leitfaden für LehrerInnen
(Hoberg, 2018)

Das in fünf Kapitel gegliederte Buch gibt zunächst einen Überblick über das Störungsbild an sich und wodurch sich Kinder mit ADHS im Schulalltag auszeichnen und wie sich das konkret auf das Unterrichtsgeschehen auswirken kann. Neben der Darstellung der aktuellen Erklärungsmodelle zur Entstehung von ADHS werden auch die Prinzipien der Behandlung im Allgemeinen, die Logik des multimodalen Behandlungsansatzes sowie die Möglichkeiten der medikamentösen Behandlung erläutert.

Das vierte Kapitel des Buches behandelt Maßnahmen in der Schule. Grundlegende und spezifische Maßnahmen zur Erleichterung des Unterrichtsalltags werden ausführlich und mit vielen Beispielen vorgestellt, und im folgenden fünften Kapitel anhand konkreter Fallbeispiele vertieft erläutert. Dabei wird zu den Maßnahmen und konkreten Anwendungen ein Kennzeichnungssystem verwendet, bei dem G1–G15 für grundlegende und S1–S11 für spezifische Maßnahmen stehen. Diese Kürzel werden in den Fallbeispielen aufgegriffen.

Der Leitfaden ist insgesamt sehr klar und strukturiert aufgebaut. Am Anfang eines jeden Abschnitts steht eine kurze Zusammenfassung des Inhalts. In jedem Kapitel führt die Autorin die Lesenden durch das Thema, markiert Exkurse und liefert eine Vielzahl anschaulicher Beispiele aus der Praxis. Innerhalb des gesamten Textes verweist die Autorin immer wieder auf Darstellungen in anderen Kapiteln, sodass der Gesamtzusammenhang gut sichtbar ist. Insgesamt ist der Schulratgeber sehr umfassend, auf alle relevanten Bereiche geht die Autorin ausführlich ein. Dabei wird ihr profundes Wissen zur aktuellen ADHS-Forschung deutlich, was sich auch in der ausgewählten Literatur zeigt.

Störungsfreier Unterricht trotz ADHS (Gawrilow, Guderjahn & Gold, 2018)

Das Manual bietet eine Handlungsanleitung für Lehrkräfte, um die Selbstregulation bei Schüler:innen mit ADHS speziell im Unterricht zu unterstützen. Dies geschieht durch die Erarbeitung von »Wenn-Dann«-Plänen, in denen konkrete schulische Ziele (wie z. B. die Hausaufgaben regelmäßig zu erledigen) mit Handlungsmöglichkeiten (z. B. kontrollieren, ob alle Hausaufgaben erledigt sind) und Situationen verknüpft werden (z. B. immer, wenn ich aus dem Hort nach Hause komme). Die Erarbeitung dieser Pläne erfolgt personalisiert für jede:n Schüler:in individuell.

Neben der Handlungsanleitung werden grundlegende Informationen zum Störungsbild ADHS (Entstehung, Diagnostik, Möglichkeiten der Behandlung sowie schulspezifische Inhalte wie rechtliche Rahmenbedingungen oder die Zusammenarbeit mit Eltern) gegeben, sodass Lehrkräfte umfassend informiert werden.

3.4.2 Auf die Klasse bezogene Maßnahmen

Die Berücksichtigung von Maßnahmen für die gesamte Klasse (Klassenführung oder Classroom-Management) führt nicht nur zu Veränderungen bei den betroffenen Kindern, sondern auch zu Verbesserung in Verhaltensvariablen und Leistungen der nicht betroffenen Schüler:innen. Man geht davon aus, dass diese Veränderungen zum einen daraus resultieren, dass die Klasse weniger durch Verhalten der Kinder mit ADHS gestört wird, sich also ein besseres Lernklima entwickelt, zum anderen die Schüler:innen aber auch direkt von den Maßnahmen profitieren (Gaastra et al., 2016).

Eine erste Maßnahme in diesem Bereich ist, die äußere Umgebung, also den *Klassenraum*, so zu gestalten, dass diese die Aufmerksamkeitsfokussierung unterstützt und gleichzeitig Interaktion ermöglicht. So wie Kinder und Jugendliche (vor allem mit ADHS) zu Hause ihren Arbeitsplatz strukturieren und organisieren, damit sie sich möglichst ohne Ablenkungen auf ihre Aufgaben konzentrieren können, ist es auch wichtig, in der Schule Gestaltungsspielräume zu nutzen. In Grundschulen sind die Tische häufig in Gruppen zusammengestellt, um die Gruppenarbeit und Interaktion zwischen den Schüler:innen zu unterstützen. Bei einer solchen Gruppierung müssen daneben aber auch weitere Prinzipien berücksichtigt werden (nach Evertson, 2010):

- Die Lehrkraft sollte alle Schüler:innen zu jeder Zeit sehen können und die Schüler:innen alle Orte des Unterrichtsgeschehens (*Einsehbarkeit oder »visibility«*).
- Die Lehrkraft kann jede:n Schüler:in erreichen und die Schüler:innen sowie die Lehrkraft alle benötigten Materialien (*Erreichbarkeit oder »accessibility«*).
- Dinge, die ablenken können, werden entweder beseitigt oder reduziert und sofern Schüler:innen sich gegenseitig ablenken, werden sie auseinander gesetzt (*Ablenkungsfreiheit oder »distractability-free«*).

Um diese drei Prinzipien speziell bei einem Kind mit ADHS zu berücksichtigen, könnte das bedeuten, es in die Nähe der Lehrkraft zu setzen. Dabei sollte das Kind selbst alle relevanten Bereiche der Klasse gut sehen können. Gleichzeitig sollten visuelle Ablenkungen oder Lärm reduziert werden (nicht zu viel Dekoration im Raum, nicht mit Blick zum Fenster, Filzgleiter für Tische und Stühle, evtl. Raumteiler einsetzen). Arbeitsmaterialen des Kindes selbst sollten sortiert und schnell greifbar sein, häufig zu gehende Wege im Raum sollten leicht zu erreichen sein (ohne »Stolperfallen« und Umwege).

In einer Befragung von Grundschullehrkräften zu ihren Handlungsstrategien beim Unterrichten von Kindern mit ADHS (Ruhmland & Christiansen, 2017) gab eine Mehrheit an, *Regeln und Routinen* vorzugeben. In Bezug auf die Umsetzung wurde vor allem geäußert, bei Verletzungen von Regeln negative Konsequenzen folgen zu lassen und nur selten bei Beachtung der Regeln auch Belohnungen auszusprechen (siehe auch Dort et al., 2020a). Grundsätzlich ist die Vorgabe von Regeln für die Klassengemeinschaft eine sehr sinnvolle und hilfreiche Maßnahme, da sie für die Kinder eine klare Orientierung bietet und Sicherheit schafft in Bezug auf das zu erwartende Verhalten im Unterricht. Damit diese aber auch Wirkung zeigen, müssen bestimmte Richtlinien beachtet werden. Zum einen sollte auf jeden Fall *die gesamte Klasse in die Aufstellung der Regeln* einbezogen sein. Weiter sollten sie positiv und dabei für die Schüler:innen *verständlich formuliert* (am besten in der Ausdrucksweise der Kinder) und *mit konkreten Handlungsbeschreibungen* versehen sein. So steigt die Sicherheit, dass die Kinder auch wirklich wissen, was gemeint ist. Außerdem sollte darauf geachtet werden, dass die *Regeln auch für die Schüler:innen umzusetzen* sind (also dem Entwicklungsstand und den Kompetenzen der Kinder entsprechen). Zuletzt sollte eine Anzahl von *drei bis fünf Regeln* nicht überschritten werden, damit alle Kinder diese auch im Blick behalten können.

Für Schüler:innen mit ADHS ist gerade die Einhaltung und Umsetzung von Regeln eine besondere Herausforderung. Dies liegt nicht an fehlender Motivation, sondern ist Teil ihrer Symptomatik, bei der bestimmte selbstregulative Kompetenzen schlicht nicht genug ausgeprägt sind. Weiter brauchen sie sehr viel mehr Rückmeldungen und externe Verstärker als andere Kinder, um ihr Verhalten zu steuern. Für alle Schüler:innen, aber besonders für Kinder mit ADHS hat sich gezeigt, dass der Einsatz von Verstärkern eine der wirksamsten Methoden darstellt, um sowohl das Sozialverhalten als auch das Lernverhalten in der Schule in eine positive Richtung zu verändern.

Grundsätzlich spricht man von »Verstärkern«, wenn ein Verhalten aufgrund der erlebten nachfolgenden Konsequenzen häufiger oder im Gegenteil seltener gezeigt wird.

Definition: Positive Verstärkung

Auf das gezeigte Verhalten folgt ein positives, im weitesten Sinn angenehmes Ereignis.
→ Das Verhalten wird häufiger gezeigt.

Definition: Negative Verstärkung

Auf das gezeigte Verhalten folgt der Wegfall oder das Ausbleiben von einem als unangenehm erlebten Ereignis.
→ Das Verhalten wird häufiger gezeigt.

Definition: Bestrafung

Auf das gezeigte Verhalten folgt ein unangenehm erlebtes Ereignis (direkte Bestrafung) oder ein angenehm erlebtes Ereignis endet oder bleibt aus (indirekte Bestrafung)
→ Das Verhalten wird in Zukunft seltener gezeigt.

Definition: Löschung

Auf das gezeigte Verhalten erfolgte keine Reaktion (mehr).
→ Das Verhalten wird seltener oder gar nicht mehr gezeigt.

Diese aus der Lernpsychologie stammenden Systematiken bilden die Regeln, mit denen auch in der Schule »*Konsequenzen*« eingeführt werden. Dabei sollten aber zwei Dinge beachtet werden:
1. Das Erleben positiver und negativer Folgen ist individuell unterschiedlich.
So kann z. B. ein:e Schüler:in, der/die nach wiederholtem Störverhalten

in der Klasse ein »Time Out« im Lehrerzimmer erhält, dies als unangenehm erleben, weil er/sie sich grundsätzlich im Klassenverband wohl fühlt (direkte Bestrafung durch negativ erlebte Konsequenz). Ein anderes Kind fühlt sich erleichtert, weil es sich von der angespannten Situation in der Klasse überfordert gefühlt hat (negative Verstärkung durch Wegfall einer als unangenehm erlebten Situation).

2. *Bestrafung beinhaltet auch problematische Aspekte und muss daher sehr überlegt eingesetzt werden.* So bietet eine Bestrafung zwar einen Hinweis darauf, wie man sich nicht verhalten soll, aber wenig Informationen darüber, welches Verhalten statt des bestraften gut und erwünscht wäre. Es muss also stets darauf geachtet werden, dass das gewünschte Alternativverhalten auch belohnt wird. Weiter werden negative Konsequenzen im Alltag häufig in ärgerlicher Stimmung gegeben (man hat schon dreimal ermahnt – jetzt folgt die Strafe…). Die Gefahr dabei ist, dass dann überreagiert wird und gleichzeitig bei dem/der bestraften Schüler:in auch Emotionen hervorgerufen werden, nämlich Ärger, Wut etc., was wiederum negatives Verhalten zur Folge hat. Daher sollten Lehrkräfte negative Konsequenzen so früh wie möglich (vor einer Eskalation) und dann sachlich und ruhig einsetzen. Die Strafen sollten angemessen sein, sodass sie auch konsequent angewendet werden können (und man als Lehrkraft nicht davor zurückschreckt, weil man nicht gleich zu hart sein möchte). Zuletzt sollten sowohl negative als auch positive Konsequenzen regelhaft und durchgängig eingesetzt werden, um den Schüler:innen die Ernsthaftigkeit zu signalisieren.

Zusammengefasst bietet der Einsatz von Konsequenzen eine sehr gute Möglichkeit, regulierend auf das Verhalten der Kinder einzugehen, sie müssen aber sehr gründlich und gut erarbeitet sein, damit sie zielführend sind.

Neben einer gründlichen Erarbeitung von erwünschtem Verhalten, unerwünschtem Verhalten und möglichen Verstärkungsbedingungen für die Kinder gehört zur Vorbereitung auch eine Auflistung von möglichen Verstärkern. Einfach einzuführen ist ein bewusster Einsatz sozialer Verstärker – wie Loben, Lächeln oder positive Gesten. Darüber hinaus kann man symbolische Verstärker (sog. »Token«, z.B. Steinchen, Büroklammern, Murmeln…) nutzen, die regelhaft und prompt vergeben werden, wenn ein erwünschtes Verhalten gezeigt wurde. Diese »Token« können gesammelt und beim Erreichen einer bestimmten Anzahl in eine Belohnung eingetauscht werden. Umgekehrt können sie auch genutzt werden, um bei unerwünschtem Verhalten wieder eingesammelt zu werden. Beim Erarbeiten eines solchen Plans müssen klare Verabredungen getroffen werden, damit sie auch wirksam werden (z. B. muss für die Kinder das Erreichen einer Belohnung auch in für sie absehbarer Zeit möglich sein; die Belohnungen müssen für sie wertvoll sein). Daher ist auch dieser Verstärkerplan einerseits auf Klassenebene einzuführen, andererseits für Kinder individuell zu gestalten, da es jedem Kind unterschiedlich schwerfällt, die aufgestellten Regeln einzuhalten.

3.4.3 Kindbezogene Maßnahmen

Die Interventionen auf Klassenebene greifen z. T. durch die Individualisierung von Strategien auch schon auf die Ebene des einzelnen Kindes über. An dieser Stelle soll der Fokus auf spezifische Handlungen gelegt werden, die Lehrkräfte in der direkten Arbeit mit den Kindern anwenden können.

- Loben: Wie weiter oben bereits beschrieben, leiden viele Kinder mit ADHS darunter, dass sie vor allem negative Rückmeldungen für Fehlverhalten erhalten. Dabei gerät aus dem Blick, was auch gut läuft und was verstärkt werden sollte. So dient das Loben mehreren Zielen, nämlich dem Beziehungsaufbau (guter Kontakt), einer Verbesserung des Selbstbildes des Kindes sowie einer Förderung von erwünschtem Verhalten.
- Blick- und Körperkontakt: Damit Aufforderungen, Rückmeldungen etc. auch gesichert bei Kindern ankommen, muss zunächst die Aufmerksamkeit sichergestellt sein. Sofern es notwendig erscheint, kann dies von einer leichten Berührung an der Schulter begleitet werden.
- Piktogramme: Die Nutzung bildhafter Symbole zur Regulation von Verhaltensweisen kann helfen, verbale Kommentare zu reduzieren. Ermahnungen, das wiederholte Nennen des Namens bei Störungen etc. kann für Kinder mit problematischem Verhalten zu Ermüdungserscheinungen bis hin zu negativen Kreisläufen führen. Gesten, Mi-

mik und das Einführen von Piktogrammen kann dies deutlich reduzieren und Anweisungen verdeutlichen (z. B. das Bild von einem Kind, das sich meldet als Hinweis: erst melden, dann Antworten).
- Verstärkersysteme: Kinder mit ADHS brauchen mehr und regelmäßige Verstärkung für angemessenes Verhalten. Damit Lehrkräfte dies unmittelbar und prompt zurückmelden können, kann es hilfreich sein, symbolische Verstärker zu nutzen (»Token«, siehe weiter oben). Bei regelmäßigen und anhaltenden Verstößen gegen Absprachen kann man dazu übergehen, diese »Token« auch zu entziehen (»Response-Cost«). Dies sollte in klaren Absprachen und für den oder die Schüler:in in nachvollziehbarer Weise geschehen.
- Ignorieren: Einige als störend empfundene Verhaltensweisen kann man auch mit »Löschung« (s. o.) begegnen, indem man sie schlicht ignoriert. Hierbei muss man sich klar sein, dass die betreffenden Schüler:innen zunächst versuchen können, ihr Verhalten (z. B. Reinrufen, ohne drangenommen zu werden) zu intensivieren, um den gewünschten Effekt, nämlich die Aufmerksamkeit zu erhalten. Hier ist es wichtig, konsequent zu bleiben, um nicht das intensivierte Verhalten zu belohnen. Stattdessen kann man gezielt erwünschtes Verhalten z. B. einer Mitschülerin loben (»Du hast dich gemeldet, prima, was ist die Lösung?«), sodass Lernen am Modell ermöglicht wird.
- Time Out: Bei extrem störendem Verhalten (Wutausbrüche, destruktives Verhalten, Aggressivität) kann es als letzte Möglichkeit sinnvoll sein, das Kind aus der Situation zu nehmen. Ein Time-Out bedeutet die intensivste Form des Ignorierens, ist als solches aber nur wirksam, wenn für das Kind der Verbleib im Unterricht grundsätzlich reizvoll wäre. Wenn es den Unterricht als extrem langweilig oder unangenehm empfindet, kann das Time-Out zu einer positiven Verstärkung des unerwünschten Verhaltes führen (es kann sozusagen selbst dafür sorgen, dass die unangenehm empfundene Situation verschwindet, indem es sich extrem störend verhält). Weiter muss dafür gesorgt sein, dass das Kind auch in dieser Zeit beaufsichtigt wird (ohne dabei Aufmerksamkeit zu erhalten!). Dies kann z. B. ein Stuhl vor der geöffneten Klassentür sein, ein Platz in der Klasse im Nebenraum oder im Sekretariat. Auf jeden Fall benötigt auch ein Time-Out ein geplantes und abgesprochenes Vorgehen mit allen Beteiligten.

- Anforderungen reduzieren: Für Kinder mit ADHS kann es notwendig sein, gezielt Anforderungen von Aufgaben zu verringern, um ihnen Erfolgserlebnisse zu verschaffen, auf denen sie dann aufbauen können.
- Wenn-Dann-Pläne: Das Erarbeiten von Wenn-Dann-Plänen mit Kindern mit ADHS ist eine Möglichkeit, die Selbstregulation in Bezug auf schulische Anforderungen zu unterstützen, und hat sich auch in Bezug auf die Symptomatik im Allgemeinen als hilfreich erwiesen (Gollwitzer & Sheeran, 2006; Gawrilow, Schmitt & Rauch, 2011). Wenn-Dann-Pläne erhöhen die Fähigkeit zur Selbstkontrolle, indem sie eine feste Verbindung zwischen einer wiederkehrenden Ausgangssituation und einer konkreten Handlung schaffen, und entlasten durch diese Automatisierung das Arbeitsgedächtnis. Idealerweise sind diese Pläne mit einem für das Kind wichtigen Ziel verbunden sein. Zunächst werden persönliche Ziele mit dem Kind erarbeitet (z. B. »Ich möchte in der nächsten Mathearbeit eine gute Note schreiben«); dann wird festgelegt, in welcher konkreten Situation es welche Handlung durchführen will (z. B. »Immer nach dem Mittagessen mache ich fünf Matheaufgaben«). Ausführliche Anleitungen zu diesem Vorgehen finden sich in Gawrilow, Guderjahn & Gold (2018).

3.4.4 Hausaufgaben

Für Kinder mit ADHS ist die Situation bei den Hausaufgaben – ähnlich dem Schulunterricht am Vormittag, – besonders anstrengend, da sich hier die mangelnden Organisations-, Zeitmanagements- und Planungsdefizite auf vielfältige Weise auswirken (Abikoff et al., 2013; Merill et al., 2017). Sie müssen die Aufgaben korrekt aufzeichnen und die Materialien von der Schule nach Hause mitnehmen; bei der Bearbeitung führen Ablenkungen und fehlende Konzentration auch zu mehr Fehlern und sofern alles erledigt worden ist, muss auch noch daran gedacht werden, die Bearbeitungen wieder mit in die Schule zu bringen (Langberg et al., 2011). Entsprechend haben Kinder mit ADHS deutlich mehr Schwierigkeiten mit ihren Hausaufgaben als ihre Mitschüler:innen und negative Interaktionsprozesse zwischen Lehrkräften, Eltern und Kindern schaukeln sich auf. Dass die Beschäftigung mit Hausaufgaben aber wichtig ist, zeigen Studien, in denen sich deren Erledigung als ein zentraler Vorhersagefaktor für späteren Schulerfolg bei diesen Kindern gezeigt hat (z. B. Langberg et al., 2016).

Auch wenn die Erledigung der Hausaufgaben in den Nachmittag fällt, also außerhalb der direkten Zuständigkeit der Lehrkräfte, können sie doch einiges tun, um hier den Druck zu nehmen und zu einer Vertiefung des Gelernten vom Vormittag zu verhelfen.

Wie sollen Hausaufgaben erteilt werden?

Kinder mit ADHS scheitern in Bezug auf Hausaufgaben oft schon daran, dass sie gar nicht mitbekommen, was an Hausaufgaben aufgegeben wird. Ein Problem dabei ist, dass dies oft am Ende einer Stunde oder am Ende des Schultages passiert, wenn ihre Aufmerksamkeit schon ganz woanders ist (z.B. dabei, möglichst als Erste:r raus aus dem Klassenzimmer zu kommen…). Daher sollten Lehrkräfte darauf achten, die Aufgaben entweder an einer passenden Stelle mitten in der Unterrichtsstunde oder klar vor dem Pausengong mitzuteilen. Hilfreich ist es auch, die Aufgaben an einer Stelle der Tafel zu visualisieren (am besten an immer der gleichen Stelle). Die Kinder sollten auf jeden Fall noch genügend Zeit haben, um die Aufgaben zu notieren. Zu Beginn ist es auch noch notwendig, dass die Lehrkraft die Abschrift abzeichnet, um sicherzugehen, dass das Kind auch alles notiert hat. Die Einbindung dieser Routine in einen Punkteplan und damit in ein Belohnungssystem kann zur Einführung sehr hilfreich sein.

Es muss ein Hausaufgabenheft geführt werden

Da Kinder mit ADHS schon Probleme bei der Aufzeichnung der Aufgaben haben und sie oft zu Hause nicht mehr wissen, was eigentlich zu tun ist, sollten sie ab der ersten Klasse ein Hausaufgabenheft führen. Auch ohne bereits Lesen zu können, kann mit Zeichen und einfachen Notizen aufgezeichnet werden, was gemacht werden soll. Dabei sollte das Heft groß genug sein, um nicht im Ranzen zu verschwinden, und einen farblich schnell zu entdeckenden Einband erhalten.

Weiter ist es hilfreich, wenn mit den Eltern abgesprochen wird, dass diese das Heft bereits so klar vorstrukturieren (z. B. bereits das Datum eintragen, Fächer des Tages, ein Kästchen zum Ankreuzen, wenn die Aufgabe erledigt ist etc.), dass die Kinder nur noch einfache Notizen hinzufügen müssen.

Absprachen zur Durchführung der Hausaufgaben

Im Allgemeinen wünschen sich Eltern, dass ihre Kinder in der Schule gut mitkommen und erfolgreich den Lernstoff bewältigen. Bei Kindern mit ADHS ist dies durch die hinlänglich besprochenen Problemlagen am Vormittag erschwert, sodass es für viele Eltern umso wichtiger erscheint, dass alle Hausaufgaben erledigt werden. Aufgrund der Aufmerksamkeitsprobleme und der motorischen Unruhe dauert dies aber häufig ungeheuer lang, sodass ganze Nachmittage mit Schule belastet sein können. Der Ratschlag von Lehrkräften, die Zeit der Hausaufgabe auf eine halbe oder eine Stunde zu begrenzen, erscheint vielen Eltern daher nicht sinnvoll und sie haben Angst, dass die Kinder dann erst recht den Anschluss verlieren. Man muss also einen Mittelweg finden, um zum einen zu gewährleisten, dass die Hausaufgaben ihren Sinn als Vertiefung des Gelernten erfüllen, und gleichzeitig den Umfang so reduzieren, dass die Kinder mit ADHS diese auch bewältigen können.

Konkret sollten Lehrkräfte den Eltern eine Hauaufgabehöchstzeit mitteilen, die nicht überschritten werden darf (im Sinne des Kindes!). Die Menge sollte, sofern das notwendig ist, schon in der Schule beim Erteilen für diese Kinder reduziert werden, sodass nicht die Eltern entscheiden müssen, was wichtiger ist und was unwichtiger. Zu guter Letzt sollten die Eltern notieren, falls trotz dieser Reduktion Teile der Aufgaben nicht gemacht werden konnten.
Für Kinder mit ADHS ist es besonders wichtig, dass die Erledigung der Hausaufgabe auch durch die Lehrkraft kontrolliert wird und sie damit auch eine Anerkennung ihrer Bemühungen erhalten.

Was können Eltern tun?

Es gibt einige Maßnahmen, die sich bei der Betreuung von Hausaufgaben am Nachmittag als hilfreich erwiesen haben. Zunächst ist es wichtig, sich an die vorgegebenen Höchstzeiten der Durchführung zu halten und an eventuelle Zielvorgaben der Lehrkraft zu Aufgaben, die auf jeden Fall geschafft werden sollen. Damit diese Zeiten möglichst störungsfrei bleiben, sollten sie an einem ruhigen, ablenkungsfreien Arbeitsplatz erledigt werden und genau wie andere Abläufe nach einer regelmäßigen Routine verlaufen. Zwischen Schule und Hausaufgaben sollte keine zu große Pause gemacht werden (auch keine Medien wie Fernsehen, Handy oder Computer zur Entspannung nutzen!) und alle benötigten Materialien sollten griffbereit sein, damit keine zwischenzeitlichen Ablenkungen stören.

Hilfreich kann eine Checkliste am Arbeitsplatz sein, auf der die abzuarbeitenden Schritte in einfachen Zeichen oder Sätzen (je nach Alter) notiert sind. Je nachdem, wie lang die maximale Arbeitszeit am Schreibtisch ist (in der Grundschule zwischen 30 und 45 Minuten), sollte eine Pause eingehalten werden.

Bei Kindern mit ADHS kann es notwendig sein, das Kind im Blick zu behalten, also in der Nähe des Arbeitsplatzes zu sein, um die Lenkung der Aufmerksamkeit zu unterstützen. Sind die Kinder aber offensichtlich mit der Bearbeitung überfordert, sollten Rückmeldungen (kurze Mitteilungen in das Hausaufgabenheft) gegeben werden.

3.4.5 Zusammenarbeit Schule – Elternhaus

Für eine gute Begleitung und Unterstützung von Kindern mit ADHS in der Schule ist es wesentlich, dass Eltern und Lehrkräfte gut miteinander in Kontakt sind und sich zu Vorkommnissen und Maßnahmen austauschen. Wesentlich ist dabei, nicht nur die Regelverstöße, Probleme und Schwierigkeiten zurückzumelden, sondern die Fortschritte, das, was gut läuft und sich verbessert, im Auge zu behalten.

In den ersten Gesprächen sollte vor allem geklärt werden, wo die jeweiligen Zuständigkeiten von Schule und Elternhaus liegen. Hierfür ist es wesentlich, einander die Situation zu Hause (z. B. bei den Hausaufgaben) und in der Schule (Arbeitsverhalten, Materialien etc.) offen zu schildern und eventuell mit konkreten Beispielen zu verdeutlichen. Hier sollte vor allem auch Positives Raum haben, um Anknüpfungspunkte für die Nutzung vorhandener Ressourcen zu finden.

Im Verlauf können Rückmeldekarten eingeführt werden, mit denen sowohl von Seiten der Lehrkräfte als auch der Eltern mit einfachem Ankreuzen ein Austausch über das Einhalten bestimmter Verhaltensweisen oder das Erreichen verabredeter Ziele gegeben werden kann. Diese Rückmeldesysteme können in ein Punkte- und Belohnungssystem einbezogen werden und haben sich in Studien zur Verbesserung von schulischen Leistungen als besonders zielführend erwiesen.

3.4.6 Ganztag

In den letzten Jahren ist in Deutschland das Angebot von Ganztagsbetreuungen auch an Grundschulen stetig ausgebaut worden. Neben der Vereinbarkeit von Familie und Beruf sollen diese Angebote Schüler:innen nachhaltig in ihrer Entwicklung von sozialer und kognitiver Kompetenz fördern (Durlak et al., 2011; Kultusministerkonferenz, 2015, S. 4). Üblicherweise wird das Nachmittagsangebot nach dem regulären Schulunterricht in den Räumen der Schule angeboten. Die für Eltern (neben einem verlässlichen Mittagessen) zentrale Anforderung an die Betreuung besteht in der Erledigung der Hausaufgaben. Diese wird von fast 90 % der Grundschulen als Lernunterstützung angeboten und durch pädagogische Fachkräfte betreut, die sich über alle Schulen hinweg sowohl in Bezug auf ihre Qualifikation als auch in Bezug auf ihre Beschäftigungsbedingungen ausgesprochen heterogen zeigen (Domsch et al., 2021; Steiner & Tillmann, 2011).

Für Familien mit Kindern mit ADHS bedeutet dies eine weitere Herausforderung, da ein weiteres Betreuungssystem in die Beratung/Intervention einbezogen werden muss. Schon von der Anlage vieler Betreuungen am Nachmittag (vor allem in Bezug auf Hausaufgaben) sind die Bedingungen, die eigentlich für diese Kinder sinnvoll sind (wie geringe Gruppengröße, eigener, ruhiger Arbeitsplatz), kaum herzustellen. Um hier die notwendigen Maßnahmen zu etablieren, müssen neue Wege sowohl in Bezug auf die Wissensvermittlung als auch in Bezug auf die Umsetzung von pädagogischen Handlungsweisen beschritten werden (siehe Domsch et al., 2021).

4 ADHS im Jugendalter

Timo Hennig

Mit dem Beginn der Pubertät im Alter von ca. zehn bis 14 Jahren kündigt sich eine Vielzahl von Veränderungen an. Ausgehend von der körperlichen Reifung verändern sich emotionales Erleben, die Selbstwahrnehmung und die Beziehungen zu anderen Menschen. Jugendliche denken über sich selbst nach und machen sich Gedanken, was andere über sie denken. Die Gleichaltrigen werden eine wichtige Bezugsgruppe, soziale Beziehungen zu anderen Jugendlichen werden wichtiger. Gleichzeitig ändert sich auch die Beziehung zu den Eltern, die in der Regel zwar immer noch wichtige Bezugspersonen bleiben, aber nicht bei allen Themen Ansprechpersonen erster Wahl sind. Jugendliche machen Erfahrungen mit anderen Jugendlichen, schließen Freundschaften, machen romantische und sexuelle Erfahrungen.

Jugendliche können diese Lebensphase sehr unterschiedlich erleben – für manche fühlt es sich nach »Sturm und Drang« an, für andere eher wie ein ruhiger Übergang aus der Kindheit in das Erwachsenenleben. Jugendliche befinden sich in einer Art »Sandwichposition« – sie sind keine Kinder mehr, aber auch noch keine Erwachsenen. Sie wünschen sich bestimmte Rechte, die ihnen vielleicht noch nicht zustehen, wollen bestimmte Pflichten, die ihnen zugetragen werden, aber noch nicht übernehmen. Manchmal wollen sie stark und eigenständig sein, manchmal wünschen sie sich vielleicht doch noch, von den Eltern in den Arm genommen zu werden. Das folgende Kapitel befasst sich damit, wie es speziell Jugendlichen mit ADHS in dieser Lebensphase geht.

Fallgeschichte

Der Wechsel auf das Gymnasium ist eine neue Herausforderung für Paul. Er muss seinen Platz in der Klasse finden und hat anfangs Schwierigkeiten, Freundschaften zu schließen. Schnell merkt er, dass er durch Witze und clowneskes Verhalten die Aufmerksamkeit seiner Mitschüler:innen gewinnt, die ihn witzig finden. Dieses Verhalten führt allerdings zu Konflikten mit den Lehrkräften, sodass Paul bald den Ruf hat, der Klassenclown und anstrengend im Umgang zu sein. Bereits im ersten Halbjahr werden Claudia und Markus von dem Klassenlehrer zu einem Gespräch gebeten. Die Eltern berichten offen von Pauls ADHS-Diagnose und den damit verbundenen Problemen. Sie vereinbaren, dass die Medikation durch die behandelnde Kinderärztin überprüft wird sowie regelmäßige Rückmeldungen durch den Klassenlehrer am Ende der Woche erfolgen. Nach dem Gespräch mit seinem Klassenlehrer setzen sich Claudia und Markus mit Paul zusammen und sprechen über die Probleme in der Schule. Anfangs ist Paul empört und streitet alles ab, aber seinen Eltern gelingt es, gemeinsam mit Paul einen Plan aufzustellen. Sie vereinbaren, dass er jeden Tag nach der Schule einen Punkt erhält, wenn er glaubhaft versichert, dass der Schultag gut verlaufen ist. Am Ende der Woche wird bei den regelmäßigen Rückmeldegesprächen mit dem Klassenlehrer nachgefragt, wie die Woche war, und wenn der Lehrer Probleme berichtet, werden Punkte wieder abgezogen. Dieser response-cost Plan funktioniert in der fünften und sechsten Klasse gut, insbesondere, da Paul sich durch die Punkte am Wochenende extra Zeit zum Zocken verdienen kann – jeder Punkt ist 15 Minuten wert. Die Überprüfung der Medikation durch die Kinderärztin ergibt zudem eine Anpassung der Dosierung sowie die Umstellung auf ein langwirksames Präparat, das Paul besser durch den Schultag und die Hausaufgaben am Nachmittag bringt. Außerschulisch geht Paul zweimal in der Woche zum Fußballtraining und hat am Wochenende Turniere. In seiner Mannschaft ist er sehr anerkannt, da er ein schneller Stürmer und guter Torschütze ist.

Der Lehrerwechsel in der siebten Klasse fällt Paul schwer. Er mag die neue Klassenlehrerin nicht und die neue Zusammensetzung der

Klasse aufgrund der Fremdsprachenwahlen hat ihn auch getroffen, da sein bester Kumpel Latein gewählt hat und nun in einer anderen Klasse ist. Das Einsetzen der Pubertät führt zudem dazu, dass es vermehrt Konflikte mit seinen Eltern gibt. Paul hat das Gefühl, dass alle an ihm rummäkeln und er es niemandem Recht machen kann. Er hat auch keine Lust mehr auf die Medikation und vergisst regelmäßig, sie zu nehmen. Dadurch verschärfen sich seine Aufmerksamkeitsprobleme und er schreibt in der Folge mehrere schlechte Klassenarbeiten. Die Klassenlehrerin bittet Claudia und Markus um ein Gespräch und berichtet, dass die Versetzung in die achte Klasse gefährdet sei und sie keinen Zugang zu Paul bekomme. Zu Hause suchen die Eltern das Gespräch mit ihrem Sohn, doch der blockt ab und sagt, dass das ja wohl seine Sache sei, was er in der Schule mache, und sie sich nicht einmischen sollten. Auf Punktepläne oder ähnlichen Scheiß habe er auch keinen Bock mehr. Claudia und Markus beschließen, nach all den Jahren und Anstrengungen, die hinter ihnen liegen, Paul zu respektieren und seine eigenen Erfahrungen machen zu lassen, bestehen aber auf eine regelmäßige Medikationseinnahme, die von ihnen kontrolliert wird. Am Ende der siebten Klasse wird Paul knapp versetzt; mit diesem Ergebnis ist er sehr zufrieden, da er ja wenig getan und dennoch den Sprung in die achte Klasse geschafft habe. Paul spielt weiterhin aktiv Fußball und steigt mit seiner Mannschaft auf. Claudia und Markus sind froh, dass sie keine Anrufe aus der Schule erhalten und haben den Eindruck, dass sich alles zurechtgeruckelt habe.

Paul wird mit einem Notendurchschnitt von 3,4 in die elfte Klasse versetzt. Viele seiner Mitschüler:innen sind nicht mehr da, da sie entweder die Schule verlassen haben oder ein Jahr im Ausland verbringen. Das Kurssystem, das eine hohe Selbstorganisation von den Schüler:innen verlangt, bereitet ihm Probleme. Mehrfach sitzt er zur falschen Zeit am falschen Ort. Den Lehrkräften fällt dies nicht weiter auf, da sie in der Oberstufe daran gewöhnt sind, dass sich die Schüler:innen bei Problemen selbstständig melden. Im Verlauf des Schuljahres lernt Paul seine erste Freundin kennen. Er ist sehr verliebt und verbringt jede freie Minute mit Clara. Zwischen Freundin und Fußball bleibt kaum Zeit für die Hausaufgaben oder die Vorbereitung von Klassenarbeiten, sodass Paul am Ende der elften Klasse nicht versetzt wird. Claudia und Markus fallen aus allen Wolken, da sie von den Problemen nichts mitbekommen haben. Paul nimmt es auf die leichte Schulter; er sei ja sowieso jung, da er schon mit knapp sechs eingeschult wurde; viele in der elften Klasse seien auch schon 17, er sehe da kein Problem, ein Jahr zu wiederholen, zumal nun einige seiner früheren Klassenkamerad:innen aus dem Ausland zurück sind und ebenfalls die elfte Klasse wiederholen. Dennoch bestehen Claudia und Markus auf einen gemeinsamen Termin mit Paul, den Lehrkräften und auch der behandelnden Kinderärztin. Von den Lehrkräften sind die Eltern enttäuscht. Mit 17 Jahren erwarten sie von den Schüler:innen auf dem Gymnasium eine hohe Selbstständigkeit und sind nicht bereit, hier Zugeständnisse wie eine Überprüfung des Hausaufgabenheftes etc. zu machen. Paul ist sehr froh darüber und versichert, dass er das auch allein hinbekomme. Bei der Kinderärztin fühlt Paul sich nicht wohl; das sei doch alles Kinderkacke und wie das Wartezimmer schon aussehe. Er will nicht mehr zur Kinderärztin, sondern einen anderen Arzt. In dem Ort, wo die Familie lebt, gibt es allerdings keinen Facharzt, der auf ADHS spezialisiert ist, sodass letztlich der Hausarzt die Verschreibung des Psychostimulanz übernimmt.

Aufgrund der Klassenwiederholung kommt Paul mit dem Stoff der elften Klasse ganz gut zurecht und seine Noten verbessern sich, sodass er problemlos in die zwölfte Klasse versetzt wird. Clara ist nun allerdings schon in der 13. und nimmt die Schule sehr ernst. Sie will Tiermedizin studieren und braucht dafür ein sehr gutes Abitur. Sie lernt viel und hat kaum noch Zeit für Paul. Der ist zunehmend frustriert davon, lässt die Schule eher laufen und konzentriert sich auf Fußball. Auf einer Party lernt Clara einen anderen Typen kennen und trennt sich für Paul völlig überraschend von ihm. Das wirft ihn in ein absolutes Loch. Er liegt tagelang im Bett und geht nicht zur Schule, sagt, er habe Kopf- und Bauchschmerzen. Da er mittlerweile 18 ist, kann er sich seine Entschuldigungen selbst schreiben. Claudia und Markus sind völlig frustriert, sehen aber keine Handhabe aufgrund der Volljährigkeit. Von zu Hause rauswerfen wollen sie ihn auch nicht, da sie Sorge haben, dass Paul dann völlig abrutscht. Zu Hause ist die Stimmung allerdings schlecht; Paul redet kaum noch mit seinen Eltern und verschwindet wann immer möglich in sein Zimmer, wo er viel Zeit mit Zocken verbringt. Da er im Fußball weiterhin sehr gut ist, beschließt er, Sport als Abifach zu wählen sowie Mathe, Deutsch und Englisch. Die Lese-Rechtschreibsymptomatik besteht allerdings immer noch, sodass er in den sprachlichen Fächern immer einen Punktabzug erhält. Paul recherchiert im Internet und findet heraus, dass er einen Nachteilsausgleich beantragen kann. Dafür braucht er allerdings ein Attest vom Arzt. Er sucht dafür seinen Hausarzt auf. Dieser hat keinen guten Eindruck von Paul und macht sich Sorgen. Er stellt ihn auf Strattera um, da er eine depressive Verstimmung Pauls annimmt. Der Wechsel von Methylphenidat auf Strattera führt allerdings dazu, dass Paul erneut zunehmende Aufmerksamkeitsschwierigkeiten hat. Er vergisst regelmäßig, das Medikament zu nehmen. Da Strattera jedoch ein Spiegelmedikament ist, tritt die erwünschte Wirkung nicht ein. Kurz vor den Abiprüfungen sucht Paul seinen Hausarzt panisch auf und sagt, dass er ein Attest bräuchte, dass er das Abi nicht schreiben könne. Der Arzt nimmt sich Zeit und stellt Paul wieder auf Methylphenidat um. Paul bekommt nun morgens ein kurzwirksames Präparat, dass ihm hilft, gut in den Tag zu starten, und am Vormittag nimmt er zusätzlich ein langwirksames Präparat, das ihn durch den Tag bringt und beim Lernen hilft. Weiterhin verschreibt ihm der Arzt ein Antidepressivum. Die Medikamente führen zu einer Besserung und Entlastung, sodass Paul sein Abitur mit 3,5 abschließt. Mit diesem Notendurchschnitt stehen ihm allerdings nicht viele Türen offen. Da er nicht weiß, was er tun soll, macht er erst einmal gar nichts. Er hat einen verschobenen Tag-Nacht-Rhythmus und verbringt seine Zeit mit Zocken. Da seine Freunde alle ins Studium gegangen sind oder eine Ausbildung begonnen haben, hört er auch mit dem Fußballspielen auf. Er hängt nur noch zu Hause rum. Nach einem Jahr sind Claudia und Markus völlig entnervt und stellen ihm ein Ultimatum – entweder er macht jetzt etwas, oder er zieht aus und beantragt Sozialhilfe. Paul beschließt, ein freiwilliges soziales Jahr bei der Feuerwehr im Ort zu machen. Während dieser Zeit entdeckt er das Lesen für sich, sodass er beschließt, im Anschluss Philosophie zu studieren, da er dafür auch keinen NC erfüllen muss.

4.1 ADHS – Erscheinungsbild

Körperliche Entwicklung

In der Pubertät finden genetisch gesteuert körperliche Wachstums- und Umstrukturierungsprozesse statt. Diese zeigen sich nicht nur äußerlich darin, dass der Körper immer erwachsener aussieht, sondern auch in Reifungsprozessen, die man nicht sehen kann, insbesondere im Gehirn. Das menschliche Nervensystem besteht aus einem komplexen Geflecht von Nervenzellen und Bahnen, die für die Informationsverarbeitung zuständig sind. So müssen z. B. Reize aus den Sinnesorganen in das Gehirn weitergeleitet werden (»ich sehe etwas«), dort verarbeitet werden (»im Abgleich mit dem Gedächtnis erkenne ich, dass es mein Freund ist«) und dann neue Reize in motorische Systeme geschickt werden (»ich winke«). Das Nervensystem entwickelt sich ständig weiter, allerdings mit steigendem Alter nicht mehr so stark.

Im Jugendalter finden zwei wichtige Entwicklungsschritte statt, die das Funktionieren des Nervensystems deutlich voranbringen: Die Nervenzellen bekommen eine Ummantelung mit einer Art Fettschicht, was als »Myelinisierung« bezeichnet wird. Diese Schicht sorgt dafür, dass die Reizweiterleitung in den Nervenzellen schneller abläuft (»wie geschmiert«), und stellt auch eine Abschirmung von in der Nähe verlaufenden Nervenbahnen dar, die fälschlicherweise eine Erregung übertragen könnten (»Schutz vor Fehlalarm«). Weiterhin kommt es im Jugendalter dazu, dass sich viele Nervenzellen und Verbindungen, die nicht oder nur selten genutzt werden, zurückbilden. Es wird davon ausgegangen, dass sich das Gehirn überflüssiger Verbindungen entledigt und Verbindungen, die häufig genutzt werden, stärkt. Es findet sozusagen eine Konzentration auf das Wichtige und Optimierung von Abläufen statt (siehe auch Konrad, 2007).

Es gibt Hinweise darauf, dass die Gehirnentwicklung bei Kindern und Jugendlichen mit ADHS langsamer abläuft, in einigen Bereichen mit einer Verzögerung von bis zu drei Jahren (Shaw et al., 2007). Insbesondere scheint eine Entwicklungsverzögerung im Frontalhirn bzw. mit Verbindungen aus und zu diesem Gehirnareal vorzuliegen, das mit Aufmerksamkeit, höheren Denkprozessen und Selbststeuerung in Verbindung gebracht wird. Allerdings zeigen neue Studien auch andere Ergebnisse, sodass von einer starken Heterogenität ausgegangen werden kann (Saenz et al., 2018). Die Erkenntnis, dass die Gehirnentwicklung bei einigen Jugendlichen mit ADHS möglicherweise etwas verspätet eintritt, kann eine gewisse Hoffnung auf eine Nachreifung geben und auch bei Schullaufbahnentscheidungen Berücksichtigung finden (z. B. spätere Ein-/Umschulung).

Kognitive Entwicklung

Die körperlichen Veränderungsprozesse bilden die Grundlage für quantitative und qualitative Fortschritte im Denken. Jugendliche haben ein besseres Gedächtnis als Kinder, können neue Informationen schneller aufnehmen und verarbeiten und erlernen höhere Denkfunktionen. Sie können abstrakt über komplexe Sachverhalte und über sich selbst nachdenken (»Selbstreflexion«). Sie können auch über das Denken selbst und ihr Verhalten nachdenken (»Metakognition«), was sich auch zur Verbesserung von Lernprozessen nutzen lässt. Diese Denkfunktionen müssen allerdings erst erlernt und trainiert werden. Dies ist ein längerfristiger Prozess, der mit der fortlaufenden Gehirnentwicklung, die bei ADHS verzögert sein kann, zusammenhängt.

Einige Studien zeigen, dass manche Gedächtnisfunktionen bei Kindern und Jugendlichen mit ADHS weniger stark ausgeprägt sind, insbesondere das Arbeitsgedächtnis (Ramos et al., 2020). Dieses wird aber gerade für die Ausführung von komplexeren Tätigkeiten benötigt, z. B. wenn eine Vorausplanung der eigenen Tätigkeit erforderlich ist.

Emotionale Entwicklung

Das Entwickeln höherer Denkprozesse wirkt sich auch auf das Gefühlsleben von Jugendlichen aus. Insbesondere entwickeln sich soziale Emotionen weiter, die in zwischenmenschlichen Beziehungen auftreten. Einige Jugendliche erleben starke romantische und leidenschaftliche Gefühle, die bei Zurückweisung allerdings auch in Traurigkeit und Verzweiflung umschlagen können. Jugendliche können über sich selbst nachdenken, über andere Menschen, die Gesellschaft, Themen der Weltpolitik und Zukunft. Einige Jugendliche geraten in emotionale Krisen, verzweifeln z. B. an der Umweltzerstörung und der damit verbundenen Ignoranz der Erwachsenen und entwickeln Schuldgefühle. Andere Jugendliche vergleichen sich stark mit Gleichaltringen oder Idealvorstellungen (Schönheit, Leistung), was zu Minderwertigkeitsgefühlen und Scham führen kann.

Paul H. Wender (2002) beschreibt folgende Besonderheiten im emotionalen Erleben bei Erwachsenen mit ADHS, die teilweise auch auf Jugendliche zutreffen: »Affektlabilität«, also häufige und rasche Wechsel zwischen neutraler Stimmung und niedergeschlagenen, leicht euphorischen und aufgeregten Zuständen. »Hitziges Temperament«, also starke, plötzliche Gefühlsausbrüche mit einem geringen Gefühl der Kontrolle darüber, z. B. sich schnell provoziert fühlen, gefolgt von Wutausbrüchen. »Emotionale Überreagibilität«, also starke Reaktionen auf Stress, Reize und Situationen, in denen andere Menschen weniger stark reagieren. Diese Besonderheiten können es Jugendlichen schwer machen, Probleme rational, also »mit einem kühlen Kopf« zu lösen, ihre Ziele zu verfolgen und soziale Beziehungen gut zu gestalten. Hilfen zum Umgang mit Gefühlen können daher ein wichtiger Baustein von Förderung und Therapie sein (z. B. in den Programmen von Hesslinger, Philipsen & Richter, 2004, ▶ Kap. 5; Spröber, Brettschneider, Fischer, Fegert & Grieb, 2013). Die Bezeichnungen von Wender erscheinen zutreffend für viele Jugendliche mit ADHS, allerdings sind sie eher defizitär formuliert. In einer ressourcenorientierten Sichtweise könnte man sagen, dass viele Jugendliche mit ADHS über ein tiefes und intensives Gefühlsleben verfügen, Kleinigkeiten ernst nehmen und sich bei ihnen auch starke Stimmungen relativ schnell wieder verändern können, auch in eine positive Richtung – manchmal reicht schon ein kurzer Mittagsschlaf.

Veränderung der ADHS-Symptomatik im Jugendalter

Früher ging man davon aus, dass ADHS nur das Kindesalter betreffe und sich bis ins Erwachsenenalter »auswachse«, also von allein verschwinde. Neuere Forschung und Erfahrungsberichte deuten eher darauf hin, dass bei vielen Jugendlichen Schwierigkeiten häufig bestehen bleiben oder sogar neu dazukommen. Bei vielen Jugendlichen scheint es eher so zu sein, dass sich die Symptomatik verändert, aber nicht (vollständig) auswächst. In einer längsschnittlichen Studie, die Kinder mit ADHS bis ins junge Erwachsenenalter begleitete, zeigte sich, dass nur knapp 10 % der Teilnehmenden zum Ende der Studie völlig störungsfrei waren (Sibley et al., 2021). Allerdings zeigte sich auch, dass nur ca. 10 % der Teilnehmenden zu jedem Untersuchungszeitpunkt die Kriterien für eine ADHS-Diagnose voll erfüllten. Es ist also davon auszugehen, dass viele Kinder mit ADHS auch im Jugend- und Erwachsenenalter Schwierigkeiten haben werden, allerdings in der Regel nicht permanent, sondern dass es Perioden mit stärkerer und mit schwächerer ADHS-Symptomatik gibt. Dies kann auch mit äußeren Umständen zusammenhängen, z. B. mit Übergängen und Veränderungen, beispielsweise dem Besuch einer neuen Schule oder dem Beginn einer Ausbildung.

Die auffälligste Veränderung der ADHS-Kernsymptomatik im Jugendalter ist zumeist, dass sich die motorische Hyperaktivität abschwächt, oft auch die Impulsivität und etwas verzögert die Unaufmerksamkeit (Biederman et al., 2010). Die Veränderungen im Jugendalter sind teilweise von der in der Pubertät einsetzenden körperlichen Reifung mitbedingt. Im Durchschnitt sind Jugendliche motorisch ruhiger als Kinder und dieser allgemeine Effekt wirkt sich auch auf Jugendliche mit ADHS aus. Auch die Reifung des Gehirns und bessere Verknüpfung des Nervensystems, das bei Kindern mit ADHS im Vergleich zu Kindern ohne ADHS verzögert sein kann, holt im Jugendalter auf. Gehirnareale, die mit der Selbstregulation in Verbindung stehen, entwickeln sich weiter.

Die zu erwartende Abschwächung der ADHS-Symptomatik im Jugendalter kann eine hoffnungsvolle Vorstellung sein. Trotzdem sollte sie nicht davon ablenken, dass bei vielen Jugendlichen weiterhin Schwierigkeiten auftreten. Oft trifft es eher zu, von einer Veränderung statt von einer Reduktion der Symptome zu sprechen, die nicht mehr so stark äußerlich im Verhalten zu erkennen sind, sondern sich ins Innere verlagern (»Chaos im Kopf«). Die gängigen Klassifikationssysteme beziehen sich insbesondere auf ADHS bei Kindern und sind weniger gut geeignet, die Symptomatik bei Jugendlichen zu erfassen.

Weitere Schwierigkeiten (Komorbiditäten)

Zusätzlich zur ADHS können sich andere Probleme entwickeln. Wie bereits im Kindesalter gehören Lernstörungen wie die Lese-Rechtschreibstörung dazu sowie Störungen des Sozialverhaltens. Kinder und Jugendliche mit ADHS sind deutlich häufiger in »Bullying« involviert, d. h., dass sie als Opfer oder Täter oder in beiden Rollen an Schikanierungen und Mobbing in der Schule beteiligt sind. Bullying stellt ein schwerwiegendes Problem unter Jugendlichen dar und kann gravierende gesundheitliche Schäden nach sich ziehen (z. B. erhöht sich das Risiko für weitere psychische Auffälligkeiten wie psychotische Symptome: Hennig et al., 2017).

Weitere Probleme, die sich im Jugendalter entwickeln können, sind riskante Verhaltensweisen, z. B. im Umgang mit Drogen, in der Ernährung und Sexualität (Schoenfelder & Kollins, 2016). Viele Jugendliche mit ADHS sind auf der Suche nach schnellen und intensiven Stimulationen und »*Nervenkitzel*« (»sensation seeking«). Diese können sie durch Alkohol, berauschende Substanzen oder intensive Aktivitäten wie sexuelle Tätigkeiten erreichen. Die für ADHS typische Impulsivität kann zu unüberlegten Handlungen führen, die den Jugendlichen später leidtun und bedauert werden. Jugendliche mit ADHS beginnen im Durchschnitt früher mit dem Konsum von Suchtmitteln und sind früher sexuell aktiv (Schoenfelder & Kollins, 2016), sodass eine frühe altersgemäße Aufklärung besonders wichtig ist.

Der Konsum von Suchtmitteln kann auch ein Versuch der »*Selbstmedikation*« sein (Wilens et al., 2010). Beispielsweise erleben einige Jugendliche durch Cannabis eine – vorübergehende – Beruhigung und Reduktion ihrer Hyperaktivität oder fühlen sich durch Nikotin-Konsum konzentrierter. In der Literatur wird kontrovers diskutiert, ob die Einnahme einer ADHS-Medikation vor der Entwicklung von Substanzkonsum und -abhängigkeit schützen kann (Zulauf et al., 2014). Die Frage ist nicht endgültig geklärt, in der Regel reicht eine Medikation allein für Verhaltensänderungen nicht aus, kann aber begleitend mit weiteren therapeutischen Interventionen hilfreich sein. Dies gilt insbesondere dann, wenn der Konsum der Selbstmedikation dient und weniger der Stimulation, da letztere nicht durch die ADHS-Medikation ersetzt werden kann.

Durch ihre Impulsivität, Offenheit und Neugierde können Jugendliche mit ADHS auch in Gewaltsituationen geraten. Studien zeigen, dass sie häufiger physische und sexuelle Gewalt erleben (Fuller-Thomsen & Lewis, 2015). Nicht jede schlimme Situation führt zu einer Traumatisierung, trotzdem sollten Bezugspersonen aufmerksam sein und sensibel nachfragen, z. B. wenn ihnen Verhaltensänderungen wie Rückzug oder übersteigerte Aktivität auffallen. Kinder- und jugendpsychiatrische und -psychotherapeutische Praxen und Kliniken sowie das Jugendamt können Beratung und Unterstützung anbieten.

Neben den »externalisierenden«, nach außen gerichteten Verhaltensweisen wie Hyperaktivität und Impulsivität, entwickeln sich im Jugendalter auch stärker »internalisierende«, nach innen gerichtete Schwierigkeiten wie Ängste und Depressivität. Diese werden teilweise übersehen, da manche Jugendliche mit ADHS geradezu »großspurig« auftreten. Manchmal ist aber ein schwaches Selbstbewusstsein der Hintergrund davon. Jugendliche mit ADHS haben ein höheres Risiko für suizidale Absichten und Handlungen (Balazs & Kereszteny, 2017). Viele Jugendliche mit ADHS leben stark »im Moment«, deshalb können Gefühle so stark, allumfassend und überwältigend erlebt werden, dass sie nicht aushaltbar erscheinen. In jeder Psychotherapie wird daher danach gefragt, ob lebensmüde Gedanken oder Absichten, sich etwas anzutun, vorliegen. Dies kann erleichternd sein und es kann Hilfe organisiert werden. Eltern, Lehrkräfte und andere Bezugspersonen können sich u. a. bei kinder- und jugendpsychotherapeutischen oder auch psychiatrischen Praxen und Kliniken sowie beim Jugendamt beraten lassen. Bei akuter Suizidalität oder wenn Unsicherheit darüber besteht, kann man sich immer sofort in die Notaufnahme einer Klinik begeben.

Weiterhin können Schlafstörungen bei Jugendlichen mit ADHS auftreten (Lunsford-Avery et al., 2016). Im Jugendalter verschiebt sich der »Chronotyp«, also die Schlafenspräferenz und größte Leistungsfähigkeit, auf spätere Uhrzeiten. Jugendliche sind generell häufiger »Eulen« als »Lerchen«. Oftmals können sie abends erst spät einschlafen und sind morgens in den ersten Schulstunden noch nicht voll leistungsfähig. Eine zentrale Auswirkung davon ist eine erhöhte Tagesschläfrigkeit und stärkere Unaufmerksamkeit (Hennig et al., 2017). Jugendlichen mit ADHS sind sozusagen »doppelt gestraft«, weil sie ohnehin über geringere Aufmerksamkeit verfügen. Eine Verbesserung des Schlafs kann eine positive Wirkung auf die ADHS-Symptomatik haben (Hiscock et al., 2015). Therapeutische Schlafinterventionen, z. B. eine Verbesserung der »Schlafhygiene«, und auch Anpassungen der Rahmenbedingungen, z. B. durch Verschiebung von wichtigen Schulaktivitäten wie Klassenarbeiten auf spätere Schulstunden, können hilfreich sein.

Schon gewusst?

Was ist Schlafhygiene?
Zur Schlafhygiene gehören Maßnahmen, die für einen erholsamen Schlaf förderlich sind. Dafür gibt es kein Patentrezept, sondern nur individuelle Ansätze. Jugendliche können verschiedene Maßnahmen ausprobieren, wobei nicht alles sofort funktioniert oder auch nicht immer. Schlaf lässt sich nicht erzwingen, sondern entzieht sich oft gerade dann, wenn man zu angestrengt versucht, ihn herbeizuführen.

Zur Schlafförderung sollte die *Schlafumgebung beruhigend und reizarm gestaltet* sein. Das Bett sollte groß genug und bequem sein. Störende Geräusche, z. B. durch Straßenlärm oder andere Menschen, sollten vermieden oder zumindest abgeschirmt werden. Manchen Menschen helfen allerdings ruhige, monotone Geräusche wie Regen oder Ventilatoren, die auch über Schlaf-Apps verfügbar sind. Der Raum sollte abgedunkelt sein, nicht notwendigerweise stockdunkel, je nach eigenem Wunsch. Ganz wichtig, insbesondere bei Jugendlichen, ist die Vermeidung von Medien wie Computer, Fernseher und Smartphones. Das künstliche Licht wirkt aktivierend und damit schlafhemmend. Daher ist es wichtig, ab einer bestimmten Uhrzeit keine Medien mehr zu nutzen, was vielen Jugendlichen nicht leichtfällt, da sie dort oft auch ihre Sozialkontakte pflegen und Angst haben, etwas zu verpassen – aber auch das ist schlafhinderlich.

Weiterhin empfehlenswert ist *schlafförderliches Verhalten*. Dazu gehört, zu späterer Stunde keine schweren Mahlzeiten und keine aufputschenden Getränke (Cola, Energydrinks, Kaffee, Eistee, Mate, …) zu sich zu nehmen und aktivierende und aufregende Aktivitäten wie Sport oder Ausgehen unter der Woche zu vermeiden. Körper und

Psyche brauchen eine gewisse Zeit zum Herunterfahren. Das Herunterfahren kann man sich wie den Landeanflug eines Passagierflugzeugs vorstellen – rechtzeitig werden keine Speisen und Getränke mehr verteilt, alle gehen noch einmal auf die Toilette, man kehrt auf den eigenen Platz zurück, ganz zum Schluss schnallt man sich an.

Das *Einrichten einer Routine bzw. eines (individuellen) Einschlafrituals* kann hilfreich sein: Dabei werden rechtzeitig nur noch ruhige Tätigkeiten vorgenommen, das Smartphone wird weggelegt, der Fernseher ausgeschaltet, die Zähne werden geputzt, vielleicht ein Bad genommen, der Körper eingecremt, im eigenen Zimmer noch ein Buch gelesen oder ein ruhiges Lied gehört, dann das Licht ausgeschaltet und hingelegt. Insbesondere bei jüngeren Jugendlichen können auch Eltern oder andere Bezugspersonen Teil dieser Routine sein, z. B. indem sie sich an das Bett setzen, um kurz über die Erlebnisse des Tages zu erzählen, oder um eine beruhigende Geschichte vorzulesen.

Wenn sich der Schlaf nicht sofort einstellt oder das Erwachen frühzeitig geschieht, ist es wichtig, ruhig zu bleiben. Natürlicherweise auftretende Gedanken wie »oh nein, es ist schon 3 Uhr, ich muss sofort einschlafen!« aktivieren zusätzlich und verhindern das Einschlafen. Man kann versuchen, sich »*gute Gedanken*« zuzusenden, beispielsweise »der Körper holt sich irgendwann den Schlaf, wenn er ihn braucht« oder »auch wenn ich wach ruhig daliege, erhole ich mich und tue mir etwas Gutes«. Es kann hilfreich sein, Uhren aus dem Schlafzimmer zu entfernen bzw. dem Impuls zu widerstehen, nachts auf die Uhr zu schauen, da dies oft zu schlafhemmender Besorgnis führt.

Wenn abends Ruhe eingekehrt ist, kann es passieren, dass Sorgen und Ängste, die über den Tag durch andere Aktivitäten verdeckt sind, vermehrt auftreten, gerade auch bei Jugendlichen mit ADHS. Wenn einfache Maßnahmen der Schlafhygiene nicht ausreichend sind, kann *psychologische Beratung* zu diesem Thema hilfreich sein, z. B. bei Kinder- und Jugendpsychotherapeut:innen oder Familienberatungsstellen (weiterführend siehe z. B. Fricke-Oerkermann, Frölich, Lehmkuhl & Wiater, 2006; Schlarb, 2015).

ADHS bei jugendlichen Mädchen

In der Pubertät treten Unterschiede zwischen Mädchen und Jungen klarer hervor als noch im Kindesalter. ADHS wird bei Mädchen weniger häufig festgestellt. Dies kann damit zusammenhängen, dass ADHS tatsächlich seltener bei Mädchen auftritt, es kann allerdings auch damit zusammenhängen, dass Mädchen seltener wegen ADHS zu einer Diagnostik vorgestellt werden, die Diagnose seltener an Mädchen vergeben wird oder dass die Diagnosekriterien weniger gut auf Mädchen zutreffen (Williamson & Johnston, 2015). Vermutlich trifft eine Mischung aus diesen und weiteren Gründen zu.

Es gibt Hinweise darauf, dass Mädchen mit ADHS stärker unter der Störung leiden als Jungen, auch wenn die ADHS-Symptomatik ähnlich stark ausgeprägt ist (Williamson & Johnston, 2015). Mädchen bzw. Frauen mit ADHS erleben früher und häufiger Depressionen, zeigen häufiger selbstverletzendes Verhalten und Suizidversuche als Jungen bzw. Männer mit ADHS (Babinski & Waschbusch, 2016). Das sogenannte »Gender Paradox« geht davon aus, dass Störungen mit ungleicher Geschlechtsverteilung bei dem Geschlecht, das seltener betroffen ist, gravierender oder problematischer auftreten (Eme, 1992). Dies könnte u. a. daran liegen, dass das Störungsbild bei Mädchen erst erkannt wird, wenn es sehr deutlich und stark vorliegt, und damit in der Regel die Mädchen, die zu einer Diagnostik vorgestellt werden und die Diagnose bekommen, tatsächlich eine schwerere Störungsausprägung haben und ADHS bei Mädchen mit leichter Symptomatik eher übersehen wird bzw. andere Diagnosen gestellt werden. Vermutlich ist es zudem so, dass Mädchen mehr unter ADHS-Symptomen leiden, weil sie weniger den geschlechtsspezifischen Erwartungen an das Verhalten von Mädchen entsprechen, insbesondere bei starker Hyperaktivität und Impulsivität. Motorische Aktivität, starker Wille und Durchsetzungsfähigkeit sowie gelegentliches Nichtzuhören werden bei einem Jungen eher als geschlechtstypisch wahrgenommen und daher eher toleriert, während bei Mädchen eher Ruhe, Fleiß und Anpassung erwartet werden (Perry & Pauletti, 2011). Es ist davon auszugehen, dass den Mädchen mit ADHS die Diskrepanz zwischen ihrem Verhalten und den gesellschaftlichen Erwartungen zurückgemeldet wird – in dem Sinne, dass mit ihnen

»etwas nicht stimme«. Zudem kann diese Diskrepanz ihnen auch selbst bewusst werden und eine Schwierigkeit in ihrer im Jugendalter relevanten Identitätsentwicklung darstellen.

4.2 Behandlungsmöglichkeiten

Zur Einschätzung der Wirksamkeit von Behandlungen von Jugendlichen mit ADHS liegen nur wenige gut kontrollierte Untersuchungen vor. Eine spanische Studie zeigte, dass eine in der Gruppe durchgeführte kognitive Verhaltenstherapie ADHS-Symptome und funktionale Beeinträchtigungen im Vergleich zu einer Wartekontrollgruppe signifikant reduzieren konnte (Vidal et al., 2015). Dabei kamen unter anderem Einheiten zu den Themen Psychoedukation über ADHS, Motivation, Umgang mit Frustration und Ärger sowie Strategien zur Planung und Problemlösen zum Einsatz. In einem Übersichtsartikel stellen Evans et al. (2018) fest, dass für Jugendliche mit ADHS die meisten Hinweise für den Nutzen von »Organisationstrainings« vorliegen, die auf die Verbesserung von Planungsfähigkeiten abzielen, z. B. beim Zeitmanagement. Organisationstrainings waren auch dann wirksam, wenn sie mit weiteren Maßnahmen verbunden wurden, z. B. intensiven Übungseinheiten und dem Einsatz von Feedback.

Im Jugendalter geht es weniger um eine »Heilung« der ADHS im Sinne einer völligen und dauerhaften Störungs- und Symptomfreiheit, sondern eher um das Erlernen eines funktionalen Umgangs mit Problemen und Herausforderungen im Sinne eines »Copings«. Das therapeutische Vorgehen ist in der Regel individualisiert und kompetenzorientiert. Nach einer ausführlichen Diagnostik werden individuelle Behandlungsziele festgelegt, insbesondere die Verbesserung von Kompetenzen zur Bewältigung schulischer und anderer Herausforderungen, das Ausgleichen von Defiziten und die Erarbeitung einer Zukunftsperspektive. Bezugspersonen werden weiterhin in die Behandlung eingebunden, im Vordergrund steht allerdings die Arbeit mit den Jugendlichen selbst. Im Folgenden werden zunächst allgemeine Behandlungsansätze und -ziele für Jugendliche mit ADHS vorgestellt und im Anschluss manualisierte Interventionen für diese Zielgruppe.

4.2.1 Allgemeine Prinzipien und Ziele

Motivierende Zukunftsperspektive: Eine wichtige Entwicklungsaufgabe des Jugendalters ist die Erarbeitung einer beruflichen Perspektive und im Übergang zum Erwachsenenalter die Aufnahme einer Berufstätigkeit. Dieser Schritt ist aufgrund schulischer Schwierigkeiten bei Jugendlichen mit ADHS oftmals erschwert. Einige Jugendliche mit ADHS vermeiden es, sich mit diesem als unangenehm erlebten Thema auseinanderzusetzen, kümmern sich beispielsweise nicht darum, einen Praktikumsplatz zu organisieren, sodass sich bestehende Probleme verstärken können. Eltern haben teilweise das Gefühl,»einen müden Hund zur Jagd zu tragen«, es kommt zu Konflikten in der Familie, bei denen Eltern und Bezugspersonen in häufiges Ermahnen geraten (»du musst doch wissen, was du willst – kümmere dich endlich darum«) und sich Jugendliche immer stärker in eine Ecke gedrängt fühlen (»das ist mein Ding, stress mich nicht«).

Wenn Jugendliche mit ADHS allerdings begreifen, dass der Übergang in den Beruf eine große Chance darstellt, kann dies sehr motivierend sein. Eine möglichst individuell und nicht von den Eltern durchgeführte Berufsvorbereitung ist daher für viele Jugendliche mit ADHS hilfreich. Dabei geht es darum, die Besonderheiten der Jugendlichen hervorzuheben und zu überlegen, in welchem Beruf oder Umfeld diese Besonderheiten hilfreich sein könnten oder sogar eine Stärke darstellen. Es geht also nicht um eine *An*passung der Jugendlichen an die Umgebung (»du musst dir mehr Mühe geben, damit du…«), sondern um die *Passung* zwischen den individuellen Stärken und Interessen und den Anforderungen der (beruflichen) Umgebung.

Individuelle Berufsvorbereitung: Gerade für etwas ältere Jugendliche kann eine Berufsvorbereitung sehr motivierend sein. Wenn eine berufliche Zielvorstellung gefunden wurde, fällt es oft leichter, anstrengende und ungeliebte Schritte auf dem Weg dorthin in Angriff zu nehmen (z. B. englische Vokabeln zu lernen, wenn ein Auslandspraktikum in Aussicht steht oder der Traumberuf Game-Designer entsprechende Sprachkenntnisse voraussetzt). Heutzutage gibt es eine Vielzahl von spezialisierten Berufsbildern und Möglichkeiten der Ausbildung, des Studiums, Praktikums, praktischer Ausbildung in vielen Bereichen. Wenn Jugendliche entdecken, dass sie auch in kreativen, praktischen, sportlichen, innovativen Bereichen arbeiten können, die zu ihren Stärken und Interessen passen, kann dies ein guter Ansporn sein (»Zugmotivation« statt »Druckmotivation«).

Aus Erfahrung ist es ratsam, eine solche Berufsvorbereitung von einer externen Person durchführen zu lassen (nicht von Eltern), z. B. im Rahmen eines etwas ausführlicheren individuellen Coachings. Zunächst geht es darum, ein *individuelles Eigenschaftsprofil* zu erstellen (»Was geht gut – was geht gar nicht?«). Dabei sollten nicht nur die Einschätzungen der Jugendlichen einbezogen werden, sondern auch die von wichtigen Bezugspersonen wie Eltern und Lehrkräften. Es kann wichtig sein zu betonen, dass es nicht darum geht, wer die richtige Einschätzung hat, sondern um unterschiedliche Perspektiven, die gleichrangig nebeneinanderstehen können. Das Eigenschaftsprofil wird in einem zweiten Schritt mit *Anforderungsprofilen verschiedener Berufsbilder* gegenübergestellt und auf die jeweilige Passung überprüft. Anschließend wird überlegt, welche Schritte auf dem Weg zu dem Berufsziel in welcher Reihenfolge erforderlich sind, welche Vorbedingungen erfüllt sein müssen, wer bei der Umsetzung der Ziele helfen kann, und ein Zeitplan wird erstellt. Es empfiehlt sich auch, in einigen weiteren Terminen die Umsetzung dieser Schritte zu erfragen und den Ablaufplan ggf. anzupassen. Eine entsprechende Anleitung und hilfreiche Arbeitsblätter finden sich beispielsweise im Lerntraining »LeJA« (Linderkamp, Hennig & Schramm., 2011; Sitzung 18 und 19).

Die Identifikation einer passenden Berufsperspektive ist ein wichtiger erster Schritt für Jugendliche mit ADHS. Doch auch danach brauchen sie in der Regel altersangemessene Begleitung und Unterstützung, z. B. wenn nach ersten Misserfolgen Impulse auftreten, alles hinschmeißen zu wollen. Wie allen Menschen hilft ihnen in solchen Situationen eine Person, die verständnisvoll zuhört und ermutigt. Für einige Jugendliche mit ADHS sind strukturierte Ausbildungsformate hilfreich, die z. B. von Berufsbildungswerken angeboten werden, oder eine kontinuierliche Begleitung in der Schule, z. B. durch Beratungslehrkräfte im Sinne eines Mentorings.

Vorbilder: Vielen Jugendlichen mit ADHS helfen Vorbilder. Mittlerweile gibt es einige Prominente, die ihre ADHS-Diagnose öffentlich gemacht haben (z. B. der Schauspieler Will Smith und der Schwimmer Michael Phelps). Es gibt auch geschichtliche Persönlichkeiten, die heute vielleicht eine ADHS-Diagnose bekommen würden (z. B. der Erfinder Thomas Alva Edison und der Musiker Wolfgang Amadeus Mozart – ausführliche Listen finden sich im Internet). Anhand solcher Vorbilder lassen sich positive Aspekte von ADHS wie Sportlichkeit, Kreativität und Unternehmergeist erkennen. Ohne die mit ADHS verbundenen Schwierigkeiten bagatellisieren zu wollen, können die damit verbundenen Besonderheiten auch als Stärke bzw. liebenswerte Individualität gesehen werden (»zwei Seiten einer Medaille«). Ein bisschen schwerer lassen sich Vorbilder für Mädchen mit ADHS finden, wobei auch hier im Internet einige Persönlichkeiten genannt werden. Das bekannte und beliebte literarische Vorbild der Pippi Langstrumpf würde heute möglicherweise eine ADHS-Diagnose bekommen.

Manchmal liegt das Gute auch noch näher und Eltern oder andere Bezugspersonen erkennen Teile von sich selbst in den Jugendlichen wieder. Eine Rückmeldung der Erwachsenen an die Jugendlichen, dass auch ihnen einige Dinge früher schwergefallen sind und erst erlernt werden mussten, kann tröstlich sein und eine Verbindung herstellen.

Umgang mit starken Gefühlen lernen: Viele Jugendliche mit ADHS erleben Gefühle sehr intensiv. Dies ist eine Besonderheit, keine Schwäche, und es geht nicht darum, starke Gefühle loszuwerden. Manchmal können Gefühle aber so stark werden, dass es schwerfällt, sie auszuhalten. Impulsives Verhalten tritt häufig in Verbindung mit Gefühlen auf. Jugendliche mit ADHS haben ein höheres Risiko, impulsive Entscheidungen zu treffen, die z. B. in gefährlichen Verhaltensweisen resultieren wie Drogenkonsum, selbstverletzendem oder suizidalem Verhalten. Den Umgang mit und das Aushalten von starken Gefühlen muss man daher erst einmal lernen. In der Psychologie wird diese Kompetenz als »Emotionsregulation« bezeichnet.

Ein erster wichtiger Schritt der Emotionsregulation ist in der Regel, *Gefühle richtig einzuordnen.* Zunächst geht es um die Identifikation des

Gefühls, also welches Gefühl habe ich überhaupt? Oft treten gemischte Gefühlslagen oder mehrere Gefühle nacheinander auf, sodass es manchmal gar nicht so einfach ist, zu verstehen, was mit einem los ist. Beispielsweise könnte sich eine Jugendliche, nachdem sie impulsiv eine falsche Antwort in den Unterricht hereingerufen hat, zunächst schämen, dann wütend werden, weil die anderen sie auslachen, und später traurig, weil sie denkt, dass sie nie dazugehören wird. Noch schwieriger kann es sein, sich jemand anderem mitzuteilen und zu sagen, was mit einem los ist. Dieses Mitteilen ist allerdings eine zentrale Kompetenz, da es sowohl einem selbst hilft als auch den anderen Menschen und die sozialen Interaktionen stärkt. Ein Ansatz besteht darin, *Expert:in für das eigene Erleben, Denken und Fühlen* zu werden. Ich beobachte mich selbst aus einer Art Vogelperspektive, kann mich besser verstehen und anderen mitteilen. Dies fällt manchmal ganz schön schwer, insbesondere, wenn Gefühle stark erlebt werden und impulsive Tendenzen auftreten, wie es bei ADHS oft der Fall ist.

Oft wissen wir nicht in jedem Moment genau, wie wir uns gerade fühlen. Manchmal erfüllt uns ein starkes Gefühl so sehr, dass wir nicht in eine Vogelperspektive gehen können, sondern ganz im Gefühl sind und vielleicht auch (impulsiv) dementsprechend handeln. Dann kann es sinnvoll sein, im Nachhinein, wenn das Gefühl abgeflaut ist, darüber nachzudenken. Hier können gemeinsame Gespräche mit Erwachsenen helfen. Dazu ist allerdings zu sagen, dass Jugendliche mit ADHS sich manchmal sehr schämen und unter einem schlechten Gewissen leiden, wenn sie z. B. impulsiv etwas gesagt haben, das ihnen im Nachhinein leid tut. Daher fällt ihnen das Nachbesprechen vielleicht etwas schwer; es kann aber hilfreich und entlastend sein.

Wenn man länger nachdenkt und Situationen analysiert, kann einem auffallen, dass sich bestimmte Muster wiederholen. Selbsterkenntnisse wie »Immer wenn ich müde bin, fällt es mir schwer, zuzuhören, dann kommt es häufiger vor, dass ich andere unterbreche und Dinge sage, die sie verletzten und die mir später leidtun«. Aus solchen Erkenntnissen lassen sich Strategien ableiten (z. B. »Wichtige Dinge nehme ich nur ausgeschlafen in Angriff«). Auch Eltern können aus dem Verhalten ihrer Kinder lernen und sich in ihrem Verhalten daran orientieren, z. B. »Wichtige Dinge sprechen wir nur an, wenn unser Kind ausgeschlafen ist«. Erklärungen und Entschuldigungen können leichter fallen, z. B. zu sagen »entschuldige, ich habe das gestern nicht so gemeint, ich war müde und konnte nicht mehr zuhören, dann sage ich manchmal Dinge, die unfair sind«.

Selbstorganisation verbessern: Chaos stellt ein wesentliches Element im Leben vieler Jugendlicher mit ADHS dar. Das Zimmer ist unordentlich, Termine und Verabredungen werden vergessen, Aufgaben nicht erledigt, Dinge werden verloren. Eine gute Selbstorganisation ist daher sehr wichtig, fällt allerdings oft schwer. Auch geraten Eltern oft in die Situation, dass sie für die Jugendlichen Termine usw. organisieren, wodurch zwar nichts Wichtiges vergessen wird, andererseits die Jugendlichen aber nicht lernen, sich zu organisieren. Dies stellt oft einen besonders herausfordernden Schritt der Autonomieentwicklung dar.

Hilfreich sind alle Möglichkeiten, die das (Arbeits-)Gedächtnis entlasten, also Merkhilfen und Abläufe, die sich oft wiederholen. Zum Beispiel könnte man sich angewöhnen, immer, wenn man aus der Haustür geht, zu überprüfen und sich innerlich den Satz zu sagen – »Handy, Geld, Schlüssel – alles da?« Man könnte auch ein Bild an die Haustür kleben mit einem Bild der Gegenstände, das einen immer erinnert, wenn man aus der Tür geht. Alles, was den Alltag einfacher und routinierter macht, hilft, z. B. ein Ordnungssystem mit farblich markierten Heftern, Ablagen oder Kisten für die Schulsachen. Routinen helfen auch im Alltag, wenn man gleiche Abläufe beibehält. Die Abläufe können auch visualisiert und z. B. als Plakat aufgehängt werden. Mittlerweile gibt es auch viele technische Hilfsmöglichkeiten wie Apps auf dem Handy, die teils mit Belohnungssystemen arbeiten (► Kap. 3.3 und ► Kap. 3.4), oder eine Smartwatch. Erinnerungen können hier eingetragen werden. Mit Kalendern können auch längere Aufgaben geplant werden. Auch hier sind Routinen wichtig, Termine müssen sofort eingetragen und es muss regelmäßig in den Planer geschaut werden (z. B. jeden Morgen beim Frühstück). Dabei ist es weniger wichtig, ob eine moderne App genutzt wird oder ein herkömmlicher Papierkalender – wichtig ist, dass das System funktioniert und es genutzt wird.

Es kann ziemlich lange dauern, bis Jugendliche mit ADHS Routinen verinnerlicht haben und sich daran halten. Oftmals mögen sie feste Abläufe anfangs nicht gern und fühlen sich eingeschränkt, da die

Routinen ihrer Impulsivität genau entgegenlaufen. Strukturierende Maßnahmen, wie sie bereits in den vorherigen Kapiteln für ADHS im Kindesalter beschrieben wurden (▶ Kap. 2.3 und ▶ Kap. 3.3.1), sind auch für Jugendliche hilfreich. Allerdings sollten Jugendliche stärker als Kinder in die Absprache der Regeln und Routinen einbezogen werden, um ihre alterstypische Autonomieentwicklung zu berücksichtigen. Jugendliche können gebeten werden, selbst Vorschläge zu machen und Kompromisse zu bilden. Hierarchisierungen können hilfreich sein, um für wiederholt stressreiche Situationen Routinen zu etablieren und in anderen Bereichen Spontaneität zu ermöglichen (z. B. feste Morgenroutine an Wochentagen, aber freie Gestaltung der Abläufe am Wochenende).

Umgang mit der Diagnose: Die Jugendlichen sollten in Überlegungen einbezogen werden, wem und unter welchen Umständen ihre ADHS-Diagnose mitgeteilt wird oder nicht. Dies kann z. B. beim Übergang in die weiterführende Schule oder in eine Ausbildung relevant sein. Eine ADHS-Diagnose kann mit einem erheblichen Anteil an Stigmatisierung verbunden sein (Lebowitz, 2016), sowohl durch die Jugendlichen selbst (Selbststigmatisierung: »Was sagt es über mich, dass ich ADHS habe?«) als auch durch andere Personen wie Lehrkräfte und Gleichaltrige (Fremdstigmatisierung: »Was erwarten die anderen, wenn sie hören, dass ich ADHS habe?«).

Einige Jugendliche erleben es als eine Erleichterung, wenn sie Lehrkräften und Mitschüler:innen mitteilen können, dass sie von ADHS betroffen sind. Andere Jugendliche möchten nicht, dass eine ADHS-Diagnose mitgeteilt wird. Sie möchten keine Sonderbehandlung oder wollen nicht als »krank« oder »gestört« wahrgenommen werden. Manche Jugendlichen entscheiden »von Mal zu Mal«, wem und in welcher Situation sie ihre ADHS-Diagnose eröffnen wollen (selektive Offenheit). Dies kann beispielsweise hilfreich sein, wenn sie aufgrund ihrer Symptomatik in eine unangenehme Situation geraten sind, die sie jemand anderem erklären möchten, der ihnen wichtig ist, oder wenn es um die Gewährung eines Nachteilsausgleichs in der Schule geht.

Umgang mit Medikation: Einsichtsfähige Jugendliche können selbst entscheiden, ob sie eine Medikation einnehmen möchten oder nicht. In der Regel ist das mit 14 Jahren, spätestens mit 16 Jahren der Fall (Schelling & Gaibler, 2012). In diesem Zusammenhang kann es auch sein, dass sie eine Medikation ablehnen.

Psychotherapie: Jugendliche mit ADHS können sich bis zum Alter von 21, bei vorher begonnener Behandlung auch darüber hinaus, ambulant bei Kinder- und Jugendlichenpsychotherapeut:innen behandeln lassen. Dabei stehen meist nicht nur die ADHS-Kernsymptome im Vordergrund, sondern auch die begleitenden Probleme wie Ängste und Sorgen oder Schwierigkeiten im sozialen Bereich. Eltern und andere Bezugspersonen können in die Therapie eingebunden werden, im Zentrum stehen allerdings die Jugendlichen und ihre Bedürfnisse. Viele Jugendliche profitieren von dem regelmäßigen therapeutischen Kontakt und Austausch mit einer professionellen Person außerhalb des eigenen Bezugssystems. Es gibt Kurz- und Langzeittherapiemöglichkeiten, je nach Bedarf der Jugendlichen. Im Folgenden werden therapeutische Maßnahmen speziell für Jugendliche mit ADHS vorgestellt.

4.2.2 Manualisierte Programme

Speziell zur Behandlung von ADHS im Jugendalter liegen nur wenige deutschsprachige Interventionsprogramme vor, deren Wirksamkeit empirisch überprüft wurde. Genauer beschrieben werden im Folgenden das Gruppenprogramm SAVE (Spröber et al., 2013), zu dessen Evaluation eine Pilotstudie vorliegt, sowie die Intervention LeJA (Linderkamp et al., 2011), die in einer Kontrollgruppenstudie evaluiert wurde. Weitere Interventionen werden kurz vorgestellt, zunächst Programme, die in Gruppen durchgeführt werden können, und anschließend Programme, die im Einzelsetting durchgeführt werden.

Gruppenprogramme

Strategien zur Verbesserung der Aufmerksamkeit, Verhaltensorganisation und Emotionsregulation (SAVE; Spröber, Fischer, Brettschneider, Fegert & Grieb, 2013)

Das Trainingsprogramm SAVE beruht auf dem kognitiv-verhaltensorientierten Therapieansatz zur Behandlung der ADHS im Erwachsenenalter von Safren et al. (2005). Es wird in 10 Sitzungen im Gruppensetting mit bis zu acht Jugendlichen im Alter zwischen 12 und 18 Jahren durch ein oder zwei Trainer:innen durchgeführt. Ziel ist die Vermittlung von Strategien und Techniken zur Verbesserung von Aufmerksamkeit, Verhaltensorganisation und Emotionsregulation. Der Ablauf des Trainings ist in Tabelle 4.1 abgebildet.

Tab. 4.1: Ablauf des Trainingsprogramms SAVE für Jugendliche mit ADHS (Spröber et al., 2013)

Sitzung	Themen/Inhalt
1–2	Kennenlernen: Festlegung von Gruppenregeln, Therapiezielplanung, Einbezug eines »Trainingscoaches«, Psychoedukation
3–5	Chaosorganisation und Problemlösen: Einsatz von Terminkalender, Notizbuch, Aufgabenlisten und Ablagesystem
6–7	Aufmerksamkeit: Bestimmung der eigenen Aufmerksamkeitsspanne, Aufgabenplanung, Strategien zur Reduktion von innerer und äußerer Ablenkung, Arbeitsplatzgestaltung
8–9	Emotionsregulation: Impulsivität erkennen und reduzieren, Übungen zur Herstellung von Gelassenheit, eigene Stärken erkennen, Identifikation kritischer Situationen
10	Selbstmanagement und Abschluss: Überprüfung der Zielerreichung, Ausblick

Damit die im Training erarbeiteten Strategien und Techniken wirksam in den Alltag übertragen werden, werden vier »Basiselemente« umgesetzt: 1. »Alltagsaufgaben«, die zuhause bis zur nächsten Sitzung erledigt werden sollen, 2. »Motivationssteigerung durch Einsatz eines Verstärkersystems«, das die Erledigung der Alltagsaufgaben belohnt, 3. sogenannte »Trainingscoaches«, die den Jugendlichen bei der Umsetzung der Alltagsaufgaben helfen (z. B. großer Bruder, Freund:innen, Tante), und 4. »Zielklärung« zur Festlegung von drei »SMART« formulierten Zielen (spezifisch formuliert, messbar, attraktiv/motivierend, realistisch und zeitlich begrenzt). Weiterhin kommen »Actionspiele« und Konzentrationsübungen zum Einsatz.

Zur Evaluation des SAVE-Programms liegt eine Pilotstudie mit 49 Jugendlichen mit ADHS vor (Fischer, Brettschneider, Kölch, Fegert & Spröber, 2014). Dabei schätzten die Jugendlichen den Grad der Erreichung ihrer selbst gesetzten Ziele sowie ihre ADHS-Symptomatik ein. Es zeigten sich eine gute Zielerreichung und signifikante Reduktion der ADHS-Symptomatik. Die berichteten Ergebnisse stimmen optimistisch, es fehlen allerdings randomisiert kontrollierte Studien, die auch Fremdeinschätzungen sowie objektive Verhaltensmaße beinhalten.

Tricky Teens: Ressourcenorientiertes Gruppentraining für Jugendliche mit ADHS (Reveland & Bastian, 2012)

Das Trainingsprogramm Tricky Teens wird im Umfang von 13 Einheiten im Gruppensetting durchgeführt. Dabei kommen systemische, lösungsorientierte und verhaltenstherapeutische Techniken zum Einsatz. Ziele und Inhalte sind die Förderung der sozialen Kompetenz (unter anderem Selbst- und Fremdwahrnehmung, Zuhören, Kritik annehmen, Konfliktlösungsstrategien, Umgang mit Frustration und Verärgerung), Tipps und Tricks für die Schule und die Verbesserung des Lernens (z. B. Motivation, mündliche Mitarbeit, Hausaufgaben, Referate, Zeitmanagement, Mappenführung) sowie »Zaubertricks« (z. B. Kartentricks, Mnemo-Techniken). Begleitend zur Arbeit mit den Jugendlichen werden zwei Elternabende durchgeführt. Das Programm wird unter anderem in ergotherapeutischen Praxen angeboten; es kann im Ganzen oder in Teilen durchgeführt werden. Bislang fehlen allerdings empirische Wirksamkeitsnachweise.

Marburger Konzentrationstraining für Jugendliche (MKT-J; Krowatschek, Krowatschek & Wingert, 2007)

Das MKT-J kann einzeln oder in Gruppen von drei bis fünf Jugendlichen in sechs bis acht Trainingseinheiten von jeweils 60 bis 75 Minuten durchgeführt werden. Ziel des Trainings ist eine Verbesserung der Konzentration durch die Aneignung eines reflexiven Arbeitsstils und die Einübung metakognitiver Strategien. Jede Trainingseinheit beginnt mit einer Entspannungsübung aus der Grundstufe des autogenen Trainings. Eine zentrale Technik ist die verbale Selbstinstruktion. Weiterhin werden Fähigkeiten zur Analyse von Aufgaben vermittelt (unter anderem Zielanalyse, Formulierung von Teilzielen) sowie Fähigkeiten zur Bewältigung von Frustration und Misserfolg. Die Motivation der Jugendlichen zur Mitarbeit soll durch ansprechende Materialien wie Wimmelbilder und Logikrätsel, bewegungsorientierte Gruppenspiele sowie ein Belohnungssystem gesteigert werden. Ergänzend zum Gruppentraining können Einzelgespräche mit Jugendlichen und Eltern durchgeführt werden. Das MKT-J kann als Ganzes oder in Teilen in der Schule oder in außerschulischer Förderung eingesetzt werden. Empirische Wirksamkeitsnachweise liegen bislang noch nicht vor.

Einzelprogramme

Lerntraining für Jugendliche mit Aufmerksamkeitsstörungen (LeJA; Linderkamp, Hennig & Schramm, 2011)

Das Lerntraining LeJA wird in einem Umfang von 16 bis 20 Einzelsitzungen einmal oder zweimal wöchentlich mit Jugendlichen im Alter von zwölf bis 17 Jahren durchgeführt. Ziele sind die Verbesserung des Lern- und Arbeitsverhaltens (»Lernen lernen«) sowie die Förderung des Selbstmanagements. Dabei werden kognitiv-behaviorale Techniken wie Problemlösetraining und Selbstinstruktion sowie allgemeine therapeutische Wirkfaktoren wie Ressourcenaktivierung und Problembewältigung umgesetzt. Tabelle 4.2 zeigt den Ablauf des LeJA-Trainings. Eltern und Lehrkräfte werden durch gemeinsame Gespräche, Bereitstellung von Informationsmaterial und psychoedukative Eltern-/Lehrerabende in das Training einbezogen.

Das Training soll von den Jugendlichen als »persönliche Erfolgsgeschichte« erlebt werden. Die Trainer:innen unterstützen dabei, dass die Jugendlichen selbst in die Lage kommen, Aufgaben gut zu lösen, und ihren Lernerfolg auf die eigene Anstrengung und ihr systematisches Vorgehen zurückführen. Die Trainer:innen verstärken operant gelungenes Verhaltensdurch spezifisches verbales Feedback während der Aufgabenbearbeitung (z. B. »Super, wie du die Aufgabe mit den geübten Strategien gelöst hast, weiter so«) und nach der Aufgabenbearbeitung (z. B. »Ich habe gesehen, dass du zum Schluss nochmal alles überprüft hast. Dadurch hast du sogar noch einen Fehler gefunden und korrigiert – klasse!«). Zur Motivationsförderung und Pflege der therapeutischen Beziehung endet jede Stunde mit einem freien Ausklang, den die Jugendlichen gestalten können (z. B. spielen oder einfach nur reden).

Tab. 4.2: Ablauf des Lerntrainings für Jugendliche mit ADHS (LeJA; Linderkamp et al., 2011)

Sitzung	Ziele/Inhalt
1–4	Aufbau einer therapeutischen Beziehung, Psychoedukation ADHS und Lernschwierigkeiten (Botschaft: »Du bist nicht schuld daran, kannst aber etwas dafür tun, dass es besser wird«), individualisierte Problem- und Zieldefinition, Ressourcenaktivierung (z. B. Identifikation von guten Seiten der ADHS-Symptomatik)
5–13	Lerntraining: Erarbeitung und Einübung eines systematischen Arbeitsstils, Problemlösen, direkte Instruktion, Strategieinstruktion, Selbstinstruktion (mit »Signalkarten«) anhand schulrelevanter Aufgaben, Vermittlung schulleistungsspezifischer Lernstrategien (z. B. Informationsentnahme aus Lesetexten, Erstellung längerer eigener Schriftstücke)
14–15	Lernorganisation: Gestaltung einer günstigen Lernumgebung zuhause und in der Schule, Verbesserung des Selbstmanagements (z. B. Termin- und Zeitplanung)
16–20	Coaching (kann bei jüngeren Jugendlichen ggfs. entfallen): Bearbeitung persönlicher Probleme (z. B. mit Eltern oder Gleichaltrigen), Vorbereitung einer Berufsperspektive
Follow up	Auffrischung

Das LeJA-Training wurde in einer randomisierten Kontrollgruppenstudie mit 113 Jugendlichen mit ADHS evaluiert (Schramm, Hennig & Linderkamp, 2016). Es zeigten sich signifikante Verbesserungen der ADHS-Symptomatik und des Lern- und Arbeitsverhaltens durch das Training im Vergleich zu einer Wartekontrollgruppe. Im Vergleich zu einer »aktiven« Kontrollgruppe, mit der eine progressive Muskelentspannung durchgeführt wurde, zeigte sich eine kleine Überlegenheit des LeJA-Trainings, die statistisch allerdings nicht signifikant war. Weitere Auswertungen legen nahe, dass das Training sowohl für Jungen und Mädchen, ältere und jüngere Jugendliche und sowohl als alleinstehende Intervention als auch in Kombination mit einer Medikation wirksam war (Hennig, Schramm & Linderkamp, 2016). Weiterhin zeigte sich, dass diskrepante Einschätzungen der Verhaltensproblematik zu Trainingsbeginn (wenn Jugendliche deutlich weniger Probleme sehen als Lehrkräfte) ein Risiko für den Therapieerfolg darstellten (Hennig, Schramm & Linderkamp, 2018). Dies unterstreicht, wie wichtig der Einbezug unterschiedlicher Informationsquellen – in der Regel Eltern, Lehrkräfte und Jugendliche selbst – und die Würdigung möglicher Diskrepanzen zwischen diesen bei der Behandlung der ADHS im Jugendalter sind.

Verhaltenstherapie bei ADHS im Jugendalter (Geissler, Vloet, Romanos, Zwanzger & Jans, 2019)

Das Programm kann als verhaltenstherapeutische Kurzzeit-Psychotherapie mit Jugendlichen mit ADHS durchgeführt werden, beispielsweise dann, wenn eine bereits bestehende medikamentöse Behandlung nicht ausreichend erscheint. Es liegen zehn Module vor, die nach Bedarf ausgewählt werden können und jeweils in mindestens zwei Therapiesitzungen à 50 bis 60 Minuten behandelt werden. Thematisiert werden unter anderem die Verbesserung der Alltagsorganisation und -planung und der Umgang mit Chaos und Ablenkbarkeit. Ein weiterer Schwerpunkt ist der Umgang mit Gefühlen und Stress, wobei nach dem kognitiv-verhaltensorientierten Modell nach Safren et al. (2005) der Zusammenhang von Gedanken, Gefühlen und Verhalten vermittelt wird, ebenso wie Techniken zur Identifikation und Veränderung von »Denkfehlern« wie Schwarz-Weiß-Denken. Weitere Module behandeln den Umgang mit Medikation und Drogen. Gemeinsam mit Jugendlichen und Eltern kann ein Modul zur Verbesserung der familiären Kommunikation durchgeführt werden. Weiterhin liegen Module zum Coaching bei erzieherischen Fragen sowie zum Umgang mit der eigenen Gesundheit zur Durchführung nur mit den Eltern vor. Empirische Nachweise für die Wirksamkeit des Programms stehen noch aus.

Therapieprogramm für Jugendliche mit Selbstwert-, Leistungs- und Beziehungsstörungen (SELBST; Dresbach & Döpfner, 2020; Walter & Döpfner, 2009)

Basierend auf dem Prinzip der Selbstmanagementtherapie wurde das SELBST-Programm für Jugendliche entwickelt, das störungsübergreifend die Behandlung von Gleichaltrigenproblemen (Dresbach & Döpfner, 2020) sowie Leistungsproblemen (Walter & Döpfner, 2009) beschreibt. Das SELBST-Programm ist nicht spezifisch auf die Behandlung von ADHS ausgerichtet, beschreibt aber kurz die Umsetzung der Maßnahme bei dieser Zielgruppe. Bei Leistungsproblemen können die entsprechenden Therapiebausteine genutzt werden, unter anderem zu Lernstrategien und organisatorisch-planerischen Fertigkeiten. Bei Gleichaltrigenproblemen können unter anderem die Therapiebausteine zu sozialer Informationsverarbeitung und Problemlösen, Selbstbild und Emotionsregulation eingesetzt werden. Es bestehen erste Hinweise für die Wirksamkeit des SELBST-Programms, allerdings nur anhand kleiner Stichproben und ohne Kontrollgruppen.

4.3 Eltern – Möglichkeiten der Einflussnahme

Wie können Eltern/Bezugspersonen unterstützen?

Professionelle Unterstützung nutzen: Einige Eltern machen sich starke Sorgen und erleben das altersgemäße Loslassen im Jugendalter als schwierig. Jugendliche brauchen aber das Vertrauen der Eltern in ihre Fähigkeiten. Eltern sollten mitfühlsam mit sich selbst und ihren eigenen Sorgen sein, aber diese nicht zu denen ihres Kindes machen. Dass es Eltern gut geht, ist nicht nur für sie selbst, sondern auch für ihre Kinder wichtig. Sie können nur dann richtig gut für ihr Kind da sein, wenn es auch ihnen selbst gut geht. Eltern können eine Vorbildfunktion für ihre Kinder einnehmen, indem sie sich Unterstützung suchen, wenn sie diese benötigen. Dazu gehören sowohl Möglichkeiten zur Unterstützung in der Rolle als Eltern (z. B. Beratung in Erziehungs-/Familienberatungsstellen oder Angebote des Jugendamts) als auch für die eigene (psychische) Gesundheit (z. B. Aufnahme einer eigenen Psychotherapie). Sich Hilfe zu holen, sollte nicht als Makel und Eingeständnis von Schwäche gesehen werden, sondern als ein Zeichen von Stärke und Verantwortungsübernahme.

Bezogene Individuation: Eine wichtige Entwicklungsaufgabe für Jugendliche ist die Übernahme von Eigenverantwortung und Selbstständigkeit. Eltern und Bezugspersonen können sie dabei unterstützen, wobei eine *schrittweise Übertragung von Verantwortung* an die Jugendlichen hilfreich ist. Weder eine zu frühe und drastische Änderung oder Abnabelung (z. B. ab dem 18. Lebensjahr alle Entscheidungen selbst treffen, Auszug und Kontaktabbruch), noch eine gänzlich ausbleibende Veränderung und Beibehaltung des Status Quo als Kind (z. B. Eltern entscheiden alles) sind hilfreich, sondern ein Mittelweg (weder »Erdrücken« noch »Fallenlassen«). Jugendliche entwickeln und entfalten sich, werden sozusagen zu sich selbst, dies ist allerdings nicht als Abspaltung und Isolierung gemeint, sondern als ein Prozess, der sich in Beziehungen vollzieht (»bezogene Individuation«). Jugendliche können sich gut entwickeln, wenn die Erziehung sowohl ein altersgemäßes Gewähren von Autonomie als auch eine Aufrechterhaltung von Beziehung berücksichtigt (siehe auch die Arbeiten von Stierlin, z. B. 1989).

Akzeptanz: Im Zuge der Identitätsentwicklung im Jugendalter denken Jugendliche viel über sich selbst nach. Sie suchen nach Orientierung und dem Gefühl, so in Ordnung zu sein, wie sie sind. Jugendliche mit ADHS bekommen in der Regel aber häufig Rückmeldungen, dass sie Dinge falsch machen, sie anstrengend sind oder etwas mit ihnen nicht stimmt. Soziale Rückmeldungen wirken sich stark auf das Selbstbild aus. Daher ist es für Jugendliche mit ADHS – wie für uns alle – besonders wichtig, wertschätzende Rückmeldungen zu bekommen (»du bist ok, so wie du bist«). Jugendliche mit ADHS brauchen viel positive Bestärkung und Rückmeldung, auch wenn dies manchmal durch ihr externalisierendes Verhalten (z. B. »coole Socke«) nicht so zu sein scheint.

Es ist immer hilfreich, zwischen der *Person* und dem *Verhalten* zu unterscheiden und dies auch zu betonen: Auch wenn einige Dinge, die Jugendlichen mit ADHS *tun*, anstrengend sein mögen, so sind sie *als Person* in Ordnung und liebenswert. Die mit ADHS verbundenen Besonderheiten sind in der Regel negativ besetzt – unaufmerksam, hyperaktiv, impulsiv, chaotisch, emotional instabil. Sie können aber auch positiv formuliert werden – detailverliebt, energievoll, spontan, risikofreudig, flexibel, feinfühlig. Eine Betrachtung der »zwei Seiten der Medaille« kann Eltern und dem Kind helfen, eine ausgewogene und positive Haltung zu erlangen und ADHS nicht nur als Problem und Störung zu sehen.

Gefühle annehmen: Eltern sollten ihrem Kind zurückmelden, dass es in Ordnung ist, dass es sich so fühlt, wie es fühlt. Bewertungen wie »du übertreibst« oder »das ist doch nicht schlimm« sollten vorsichtig verwendet werden, genauso wie verfrühte Ratschläge (»ärger dich nicht«), Anweisungen (»komm erstmal runter«) und Tipps (»entschuldige dich einfach bei deiner Freundin«), auch wenn sie gut gemeint sind. Das Kind könnte sich abgelehnt und kritisiert fühlen und verpasst möglicherweise eine Gelegenheit, selbst zu lernen, mit einer schwierigen Situation umzugehen.

Interessiert zuhören: Eltern sollten nicht davon ausgehen, dass sie sofort wissen oder verstehen, wie es ihrem Kind geht. Vorschnelle Interpretationen und Verallgemeinerungen wie »das ist halt so« oder »bei mir war das früher genauso« sollten zurückhaltend verwendet werden. Das Kind könnte sich sonst nicht verstanden oder ernst genommen fühlen. Das eigene Gefühlsleben kann man nur selbst ergründen und verstehen. Eltern können interessiert nachfragen und zuhören (»Ich habe es so schnell nicht verstanden, worum es geht, möchte es aber gern verstehen. Kannst du mir noch einmal erzählen, was passiert ist?«).

Gemeinsam nach einer Lösung suchen: Bei Schwierigkeiten können Eltern ihre Gedanken mit ihrem jugendlichen Kind teilen und gemeinsam nach Lösungen suchen. Auch wenn das Kind nicht mehr klein ist und sich verändert hat, kennen Eltern ihr Kind meist doch recht gut, können es einschätzen und passende Ideen vorschlagen (»Weißt du noch, was wir früher gemacht haben, wenn du traurig warst?«). Entscheiden sollte aber das Kind selbst. Grenzen und Autonomie sollten altersangemessen gewahrt werden, z. B. indem Eltern Lösungsschritte für Probleme mit ihrem Kind absprechen und sich ein Einverständnis einholen (»Was meinst du, soll ich mal mit deiner Lehrerin sprechen?«).

Nur so kann das Kind lernen, seine Probleme selbstständig zu lösen. Dabei braucht es das Vertrauen der Eltern in seine Fähigkeiten und deren Unterstützung (»Hilfe zur Selbsthilfe«).

4.4 ADHS in der weiterführenden Schule

Was können Lehrkräfte tun, um Jugendliche mit ADHS zu unterstützen? Grundsätzlich gilt, dass viele der klassenbezogenen und individuellen Maßnahmen der Lernförderung, von denen Kinder mit ADHS profitieren (z. B. Rituale und Routinen, klare Strukturierung von Aufgaben und Abläufen, ▶ Kap. 3.4.2 und ▶ Kap. 3.4.3), auch für Jugendliche mit ADHS zu empfehlen sind. Jugendliche sollten noch stärker als Kinder aktiv in die Planung, Umsetzung und Evaluation der Maßnahmen einbezogen werden. Dies heißt allerdings nicht, dass sie alles selbst bestimmen sollen, weil sie oft erst noch lernen müssen, sich selbst realistisch einzuschätzen. Trotzdem sollte ihre Einschätzung berücksichtigt werden, z. B. in regelmäßigen Lernentwicklungsgesprächen. Im Folgenden werden einige weitere Empfehlungen und Prinzipien diskutiert, die speziell bei ADHS im Jugendalter wichtig erscheinen.

Schwierigkeiten anerkennen: Wir können davon ausgehen, dass alle Kinder und Jugendlichen prinzipiell gut im Unterricht mitmachen und sich an Regeln halten *wollen*. Es klappt aus den unterschiedlichsten Gründen aber nicht immer. Wenn Jugendliche versprechen »Ich werde ab jetzt immer und ohne Klagen meine Hausaufgaben erledigen – jeden Tag, versprochen!«, dann kann es sein, dass sie das in dem Moment tatsächlich vorhaben und daran glauben. Als Erwachsene wissen wir, dass man so etwas gar nicht schaffen kann. Die Absichtsbekundung kann aber trotzdem aufrichtig gemeint sein. Vielleicht kämpft das Kind gegen ein schlechtes Gewissen und unangenehme Gefühle wie Schuld und Scham. Um diese Schuld-Scham-Spirale zu durchbrechen, sollten Lehrkräfte Feststellungen wie »Du hast aber gesagt, dass du...!« möglichst vermeiden und stattdessen versuchen, Verständnis für das Kind aufzubringen (»Ich glaube dir, dass du dir das ernsthaft vorgenommen hast«) und dabei zu helfen, realistische Ziele zu stecken und umzusetzen. Stärker als Kinder sollten Jugendliche (schrittweise) immer mehr an diesen Prozessen beteiligt werden.

Unterschiedliche Perspektiven anerkennen: Im Jugendalter ergibt sich die besondere Situation, dass es zumindest drei relevante Perspektiven auf das Verhalten der Jugendlichen gibt: die der Jugendlichen selbst, die der Lehrkräfte und die der Eltern/Bezugspersonen. Diese Einschätzungen gehen oft in ähnliche Richtungen, können allerdings auch voneinander abweichen. Es hat sich gezeigt, dass Diskrepanzen zwischen den Einschätzungen problematisch sein können, z. B. wenn eine Lehrkraft das Sozialverhalten eines oder einer Schüler:in mit ADHS als gering ausgeprägt einschätzt und der bzw. die Schüler:in selbst dies ganz anders sieht (Hennig et al., 2017). Solche Diskrepanzen sollten festgestellt und besprochen werden, wobei es nicht darum geht festzustellen, wer Recht hat, sondern darum, unterschiedliche Perspektiven zu erfassen und gleichberechtigt nebeneinander stehen zu lassen. Es kann hilfreich sein, eine dritte Person zu einem Gespräch zu holen, z. B. eine Beratungslehrkraft. Ergänzend zur Erfassung von Problemen und Schwierigkeiten sollten auch Fortschritte und Stärken aus unterschiedlicher Sicht erfasst werden. Aus gemeinsamen Gesprächen lassen sich (Lern-)Ziele ableiten, die regelmäßig überprüft und möglicherweise angepasst werden sollten (dazu kann die Methode des »Goal Attainment Scalings« eingesetzt werden, wie bei Fischer et al., 2014).

Nachteilsausgleich: Auch Möglichkeiten des Nachteilsausgleichs sind denkbar. Vielen Jugendlichen mit ADHS fällt es schwer, sich mit längeren schriftlichen Dokumenten auseinanderzusetzen. Es könnte überlegt werden, ob alternatives Aufgabenmaterial angeboten werden kann (ohne dabei die Aufgabenschwierigkeit zu reduzieren), beispielsweise Vertonungen wie Hörbücher oder Verfilmungen. Auch das Verfassen längerer Texte fällt einigen Jugendlichen mit ADHS schwer. Auch hier könnte man überlegen, ob alternative Bearbeitungsformate denkbar sind, z. B. eine mündliche Präsentation statt eines Aufsatzes.

Positives Feedback: Auch die coolsten Jugendlichen mit der größten »Alles-egal-Haltung« wünschen sich Anerkennung und positive Rückmeldung. Im schulischen Alltag stehen allerdings oft die störenden Verhaltensweisen im Vordergrund und bedürfen einer sofortigen Reaktion. Lehrkräfte erweisen ihren Schüler:innen mit ADHS einen großen Dienst, wenn sie es trotzdem schaffen, auch kleine positive Aspekte wahrzunehmen und zurückzumelden. Dies können angemessene Verhaltensweisen wie innovative Unterrichtsbeiträge oder kreative Ideen sein, die von der Lehrkraft kurz lobend erwähnt werden. Wenn möglich, sollten Lehrkräfte aktiv Situationen herstellen, in denen sie loben können. Gibt es vielleicht Aufgaben, die Schüler:innen mit ADHS besonders gut erledigen können, z. B. schnell etwas aus einem anderen Raum holen, eine sportliche Herausforderung meistern oder ein Thema kreativ umsetzen? Diese »positive Verstärkung« erwünschten Verhaltens (siehe Infokasten in ▶ Kap. 3.4.2) wirkt oftmals besser als das Sanktionieren und Bestrafen unerwünschter Verhaltensweisen.

Beim Verstärken kann es hilfreich sein, auf kleine Schritte zu achten bzw. auf Verhaltens*teile*, die bereits gut gelingen (z. B. »Ich habe gesehen, wie du dir die Aufgabenstellung zuerst in Ruhe durchgelesen und erst danach angefangen hast, mit dem Textmarker vorzugehen – das war ein super Start. Lass uns gucken, wie es gelingen kann, dass du das häufiger so machst.«). Man beginnt mit kleinen Schritten, die bereits gelingen, lobt diese, und fügt dann wie bei einer Kette schrittweise weitere Verhaltensteile an (z. B. erst alle Materialien herausholen, dann die Aufgabenstellung lesen, dann Stichpunkte machen, dann einen Text schreiben, dann noch einmal überprüfen, …; dies wird auch als »Chaining« bezeichnet).

Neben der Rückmeldung gelungener Verhaltensweisen können Lehrkräfte auch liebenswerte Persönlichkeitsmerkmale wie Empathie und Gerechtigkeitssinn benennen und somit ihre Wertschätzung ausdrücken. Bei Jugendlichen sollten sie allerdings immer etwas darauf achten, dass ein solches Lob nicht mit der altersentsprechenden Coolness in Konflikt gerät. Im Gegensatz zu Kindern mögen es viele Jugendliche nicht, vor der Klasse gelobt zu werden, da sie vor den Gleichaltringen nicht als »Streber« oder »Lehrerliebling« dastehen wollen. Kurze positive Rückmeldungen im Unterricht sind oft in Ordnung, weiterhin können Möglichkeiten für Einzelgespräche gesucht werden oder kurze schriftliche Rückmeldungen erfolgen (auch manche Jugendliche mögen noch Sticker- oder Stempelsysteme).

Vertrauen in positive Entwicklungsmöglichkeiten: In der Psychologie gibt es den Begriff der »*selbsterfüllenden Prophezeiung*«, zu dem auch im schulischen Bereich geforscht wurde. Wenn Lehrkräfte davon ausgehen, dass sich ein Kind gut entwickeln wird (oder schlecht), steigt die Wahrscheinlichkeit, dass genau dies geschieht. Daran sind zumeist unbewusste Prozesse beteiligt, bei denen sich die Lehrkraft aufgrund ihrer Erwartungen ein wenig anders dem Kind gegenüber verhält, das Kind dies aufnimmt und sich dann tatsächlich auch anders verhält (Wang et al., 2018). Daher kann es sinnvoll sein, wenn Lehrkräfte ihre eigenen Annahmen überprüfen, z. B. indem sie persönliche Antworten auf folgende und ähnliche Fragen finden: »Was denken Sie, kann ein Kind mit ADHS im Leben erreichen? Wird es einen guten Schulabschluss erlangen und eine Berufstätigkeit aufnehmen können? Wird es in der Klasse anerkannt sein und Freunde finden?«

Wenn sich Lehrkräfte über das Thema ADHS informieren, lesen sie viel über Probleme und Schwierigkeiten, die auftauchen können. Dies ist gut, weil sie wissen, dass Schüler:innen mit ADHS Unterstützung benötigten und diese geplant werden kann. Möglicherweise besteht aber auch die Gefahr einer negativen selbsterfüllenden Prophezeiung (siehe auch Hennig et al., 2021). Vielleicht sind es auch die Eltern, andere Bezugspersonen oder die Jugendlichen selbst, die eine negative Erwartung haben. Dagegen kann es helfen, sich auch eine positive Entwicklungslinie vorzustellen. Wo und wie könnten Lehrkräfte die Schüler:in mit ADHS in der Zukunft sehen, hatten sie schon ähnliche Schüler:innen, die sich trotz Schwierigkeiten gut entwickelt haben? Welche Dinge klappen schon gut bzw. was hat sich verbessert, von dem sie früher dachten, dass es sich nie ändern wird? Eine *realistisch-optimistische Haltung*, die sowohl Schwierigkeiten akzeptiert als auch positive Entwicklungsmöglichkeiten annimmt, kann hilfreich sein, z. B. nach dem Credo »Es ist schwierig, aber wir können etwas dafür tun, dass es gut wird«.

Selbstmanagement fördern: Im Jugendalter ändern sich die schulischen Anforderungen – Aufgabenstellungen werden komplexer und sind weniger vorstrukturiert bzw. müssen durch die Jugendlichen selbst strukturiert werden. Einige weiterführende Schulen führen zusätzlich zu den tageweise zu erledigenden Hausaufgaben Wochen- oder Monatsaufgaben ein, die über einen längeren Zeitraum zu bearbeiten sind. Jugendlichen mit ADHS fällt die Planung und Bearbeitung solcher Aufgaben oftmals schwer, da sie erhebliche Anforderungen an die Exekutivfunktionen stellen. Sie profitieren von klaren und vorstrukturierten Aufgaben, die in kurzen Zeiträumen zu erledigen sind, oder von einer zusätzlichen Unterstützung bei der Planung der Aufgabenbearbeitung. Techniken des Selbstmanagements müssen erst erlernt und geübt werden, wobei Trainingsprogramme wie das LeJA helfen können (Linderkamp et al., 2011). Unterstützung kann man den Jugendlichen direkt auf der Ebene der Selbststeuerung geben anstatt inhaltliche Lösungen vorzugeben (nicht: »du hast auf der letzten Seite beim Addieren vergessen, den Übertrag zu machen«, sondern »geh noch einmal alles langsam durch und überprüfe, ob sich an einer Stelle ein Fehler eingeschlichen hat«). Von Walter und Döpfner (2009) existiert ein Programm zur Förderung von Selbstmanagementfähigkeiten bei Jugendlichen.

Selbstinstruktion: Die Selbststeuerung kann durch externe Hilfe unterstützt werden. Dazu bieten sich sogenannte »Signalkarten« an, auf denen die wichtigen Schritte zum Lösen einer Aufgabe angeleitet werden. Im Lerntraining LeJA (Linderkamp et al., 2011) sind dies die folgenden vier Schritte:

1. Was ist meine Aufgabe?
2. Wie kann ich vorgehen?
3. Mache ich alles richtig?
4. Wie habe ich es hinbekommen?

Diese Schritte müssen im Voraus erarbeitet und wiederholt eingeübt werden, damit sie automatisiert den Arbeitsprozess unterstützen. Dabei kommt die Methode der Selbstinstruktion zum Einsatz. Zunächst werden die Schritte von außen angeleitet, dann leiten sich die Jugendlichen selbst damit an, schließlich verinnerlichen sie die Schritte und hören die Selbstinstruktionen nur noch mental. Auch das Marburger Konzentrationstraining für Jugendliche (Krowatschek et al., 2007) basiert auf der Methode der Selbstinstruktion und strebt eine Verbesserung des Lernverhaltens an. Manchmal gibt es Möglichkeiten, Lerntrainings innerhalb der Schule durchzuführen, oder es kann eine Lerntherapie über das Jugendamt finanziert werden.

5 ADHS im Erwachsenenalter

Elke Riechmann und Hanna Christiansen

Fallgeschichte

Mittlerweile ist Paul 32 Jahre alt und studiert seit zehn Jahren Philosophie. Er schafft es nicht, sein Studium zu beenden, da er stets diverse Projekte gleichzeitig verfolgt. Auch kann er sich immer noch schlecht konzentrieren, sodass er Texte häufig mehrfach lesen muss, bis er den Inhalt verstanden hat. Gerade bei den komplexen philosophischen Texten kommt er kaum zu einem Ende, sodass er für eine Hausarbeit bis zu einem Jahr benötigt. Auch dann ist oftmals kein roter Faden in der Arbeit erkennbar und er bekommt trotz seiner Anstrengung eine schlechte Note, sodass sich seine Motivation für das Studium weiter reduziert.

Diese Probleme kennt er schon aus der Schulzeit, wo er sich »durch das Abi gemogelt« hat. Generell fällt es ihm schwer, sich zu strukturieren. Er hat vieles angefangen, beispielsweise Persisch zu lernen oder Kleidung selbst zu nähen, und kann diese Aktivitäten dann nicht zu Ende bringen, da seine Interessen sich ständig ändern. Mit den Kolleg:innen in seinem Nebenjob als Kellner gerät er häufig aneinander. Diese reagieren laut Paul aggressiv und handgreiflich auf ihn, was zu wiederholten Jobwechseln oder -verlusten geführt hat. Paul berichtet rückblickend, dass er schon immer Schwierigkeiten mit seinen Mitmenschen gehabt habe. So sei er bereits als Schulkind der Außenseiter gewesen, der schnell in Konflikte geriet. Auch seine Beziehungen halten nie länger, da er kein verlässlicher Partner sein kann. Paul meint, dass Stimmungsschwankungen, die plötzlich auftreten, und seine Reizbarkeit hierbei auch eine Rolle spielen könnten. Er könne bereits wegen Kleinigkeiten in die Luft gehen und sei dann verbal ausfällig. In seiner Wohngemeinschaft kommt es zu Konflikten, da er keine Ordnung halten kann. Zu seinen Eltern hat er seit einigen Jahren den Kontakt abgebrochen, da sie ihn nicht weiter finanziell unterstützen wollen. Darüber hinaus kann er mit Belastungen schlecht umgehen. Wenn er unter Stress gerät, verliere er den Kopf und könne nicht mehr adäquat reagieren, was sich sowohl im Privaten als auch im Studium zeige. Er liegt dann tagelang im Bett, bis er sich wieder aufraffen kann.

5.1 ADHS – Erscheinungsbild

Wie im Fallbeispiel beschrieben, kann sich die Symptomatik im Erwachsenenalter etwas anders als im Kindes- und Jugendalter präsentieren. Die motorische Unruhe ist von außen häufig nicht mehr so stark beobachtbar, aber Patient:innen berichten oftmals über eine innere Unruhe/Ruhelosigkeit oder klagen auch über das »restless-leg« Syndrom. Dominierend sind Störungen der Aufmerksamkeit, die auch mit den größten Beeinträchtigungen verbunden sind (Hirsch & Christiansen, 2015); z. B. berichten die Patient:innen über Schwierigkeiten, Gesprächen über längere Zeit zu folgen, bei der Arbeit, in Ausbildung oder Studium die Aufmerksamkeit über längere Zeit aufrechtzuerhalten (z. B. muss eine Seite wieder und wieder gelesen werden, um die Inhalte zu verstehen oder Arbeitsaufträge werden vergessen). Darüber hinaus ergeben sich Defizite in Zeitmanagement und Organisation, was zu negativen Folgen im Beruf und im Privaten führen kann. Da viele Patient:innen weitere psychische Störungen ausbilden, ist die zugrundeliegende ADHS-Symptomatik zuweilen schwer erkennbar, insbesondere, da andere Impulskontrollstörungen z. T. sehr ähnliche Symptome aufweisen und die Differenzierung der Störungen nicht immer einfach ist (Christiansen et al., 2020). Häufig ist auch eine emotionale Fehlregulation zu beobachten, wie sie beispielsweise auch bei bipolaren oder Borderline Persönlichkeitsstörungen auftritt. Patient:innen mit Emotionsregulationsstörung sind insgesamt schwerer beeinträchtigt und zeigen einen schlechteren Verlauf als Patient:innen mit ADHS ohne Emotionsregulationsprobleme (Hirsch, Chavanon & Christiansen, 2019). Insgesamt nimmt die Störung unbehandelt oftmals einen ungünstigen Verlauf und es zeigen sich Ausbildungs- und Beziehungsabbrüche, Patient:innen bleiben beruflich hinter ihren Möglichkeiten zurück, sind häufiger in Unfälle und Delikte verwickelt (siehe zusammenfassend Christansen, 2016).

5.2 Behandlungsmöglichkeiten

Die Therapie der adulten ADHS sollte auf den drei Bausteinen Psychoedukation, medikamentöser Therapie und Psychotherapie basieren (European Consensus Statement, Kooij et al., 2010). Das lerntheoretische Modell adulter ADHS nimmt negative Bewertungsstile, die in nicht hilfreichen kognitiven Überzeugungen und Schemata resultieren und in der Folge einen Kreislauf aus dysfunktionalen Verhaltensweisen verstärken, als zentral an (Newark, Elsasser & Stieglitz, 2016; Newark & Stieglitz, 2010). Basierend auf diesem Modell wird therapeutisch empfohlen, Ressourcen und positive Bewältigungsstrategien zu fördern und kognitive Dysfunktionen zu bearbeiten – klassische Ansätze der kognitiven Verhaltenstherapie.

Das Expert-Review zur Therapie der adulten ADHS hält fest, dass Psychoedukation, Verhaltenstherapie, aber auch dialektisch-behaviorale sowie achtsamkeitsbasierte Therapieansätze insgesamt mit guten Behandlungserfolgen assoziiert sind, was die Empfehlungen des consensus statements (s. o.) bestätigt (Philipsen, 2012).

Psychoedukation

D'Amelio, Retz, Philipsen & Rösler (2009) haben ein zehn Sitzungen umfassendes Psychoedukationsprogramm im Gruppensetting sowohl für Patient:innen mit ADHS als auch für Angehörige entwickelt. Dieses umfasst neben einer Aufklärung über Symptome, neurobiologische Grundlagen, Komorbiditäten und Behandlungsmöglichkeiten auch die Aktivierung von Organisations- und Stressmanagementtechniken sowie die Verbesserung von Störungsverständnis, Selbstwert- und Emotionsregulation. In einer Studie konnten Hoxhaj et al. (2018) nachweisen, dass Psychoedukation im Vergleich zu einem Achtsamkeitstraining zu einer Symptomreduktion bei Patient:innen mit adulter ADHS führt. Beide Interventionen führten zu einer deutlichen Symptomverbesserung auch hinsichtlich assoziierter Symptome wie Depression oder Lebenszufriedenheit.

Hirvikoski et al. (2017) wiesen in einer Studie die Wirksamkeit eines achtwöchigen psychoedukativen Gruppenprogramms für adulte ADHS mit Patient:innen und ihre Angehörigen nach. Verglichen wurde das Gruppenprogramm mit der Regelversorgung im klinischen Kontext, die sowohl pharmakologische als auch nicht-pharmakologische Behandlungen umfasste. Auch in einer Untersuchung von Vidal und Kollegen (2013) erwies sich Psychoedukation als ähnlich wirksam wie ein kognitiv-verhaltenstherapeutisches Gruppenprogramm, sowohl auf die Kernsymptome der ADHS als auch Angst, Depression und Lebensqualität bezogen.

Neurofeedback Behandlung

Als weitere Behandlungsform der ADHS ist EEG Neurofeedback zu nennen. Es basiert auf der Annahme, dass abweichende Gehirnaktivitäten mittels operanten Lernen moduliert und so normalisiert werden können, was sich wiederum in verbesserten kognitiven Leistungen und Verhaltensveränderungen bei Patient:innen mit ADHS zeigt (Arns, Heinrich & Strehl, 2014; Enriquez-Geppert, Smit, Pimenta & Arns, 2019). Es wird hierbei die Gehirnaktivität der Teilnehmenden gemessen, daraus ausgewählte Parameter berechnet und in Echtzeit als Bildsignal zurückgemeldet. Somit werden diese Merkmale wahrnehmbar und auf Basis dieses Feedbacks modulieren die Patient:innen ihre eigene Gehirnaktivität (Enriques-Geppert, Huster & Herrmann, 2017). In einer Analyse von Van Doren et al. (2019) werden vor allem die Langzeiteffekte des Neurofeedbacks untersucht. Hier zeigt sich, dass Neurofeedback auch noch in

Nachuntersuchungen (nach zwei bis zwölf Monaten) wirksam ist und dabei eine ähnlich hohe Wirksamkeit wie eine medikamentöse Behandlung (vor allem Methylphenidat) aufweist. In der Neurofeedback-Gruppe (NF) zeigten sich für Unaufmerksamkeit moderate Effekte nach Therapieende, die in der Nachuntersuchung weiter anstiegen. Hyperaktivität- und Impulsivitätssymptome waren bei NF sowohl zum Therapieende als auch bei der Nachuntersuchung mit mittleren Effekten reduziert. Die medikamentöse Behandlung bewirkte im Vergleich einen großen Effekt für das Symptom der Unaufmerksamkeit und für Hyperaktivität/Impulsivität mittlere Effekte.

Schönenberg und Kollegen (2017) haben in einer Untersuchung Neurofeedback mit vorgetäuschtem Neurofeedback und Metakognitiver Therapie verglichen. Insgesamt 118 Patient:innen wurden zufällig auf drei Behandlungsgruppen verteilt, ausgewogen nach Geschlecht, Altersgruppe und ADHS-Schweregrad vor Behandlung. Die Teilnehmenden, Behandelnden und Untersuchenden wurden in Unkenntnis gelassen, ob Neurofeedback oder nur vorgetäuschtes Neurofeedback durchgeführt wurde. Das Ziel des Neurofeedback Trainings war, die Beta-Aktivität (Frequenzbereich zwischen 13 und 21 Hz; Zeichen für kognitive Anspannung) zu erhöhen und die Theta-Aktivität (Frequenzbereich zwischen 4 und < 8 Hz; Zeichen für Schläfrigkeit und leichte Schlafphasen) zu verringern. Positives Feedback wurde visuell vermittelt in Form von sich bewegenden Blasen, wenn die Theta-Aktivität unter dem Grenzwert und die Beta-Aktivität über dem Grenzwert blieben. Die Teilnehmenden der vorgetäuschten Neurofeedback Bedingung erhielten ein zuvor aufgenommenes Signal eines bzw. einer Teilnehmenden der Neurofeedback-Gruppe. Die Teilnehmenden der Metakognitiven Therapie Gruppe nahmen über zwölf Wochen an einem kognitiv-verhaltenstherapeutischen Gruppenprogramm teil, in dem neben Strategien zum Zeitmanagement, zur Organisation und Planung auch klassische kognitive Techniken angewendet wurden, um depressive und ängstliche Kognitionen zu verändern, die das Selbstmanagement der Teilnehmenden behindern. Es ließen sich keine Unterschiede hinsichtlich der Symptomverbesserung und der Verringerung der kognitiven Defizite zwischen den drei Behandlungsgruppen feststellen. Die ADHS-Symptome verringerten sich substanziell im Selbstbericht, unabhängig von der Behandlungsbedingung.

Auch in der neuropsychologischen Testbatterie, mit der relevante kognitive Funktionen wie kognitive Flexibilität, Daueraufmerksamkeit oder Umgang mit Ablenkbarkeit erhoben wurden, konnten in allen drei Gruppen Verbesserungen festgestellt werden. Damit war das Neurofeedback Training nicht effektiver als das vorgetäuschte Neurofeedback oder die metakognitive Behandlung. Rief (2017) betont, dass die alten Standardbehandlungen der kognitiven Verhaltenstherapie im Sinne von Selbstkontrollstrategien ebenso effektiv erscheinen wie das Neurofeedback Training. Die zusammenfassende Überblicksarbeit zu Neurofeedback Trainings von Cortese und Kollegen (2016), in der 13 Studien zusammengefasst wurden, kommt zu ähnlichen Ergebnissen. Auch hier kann Neurofeedback nicht als effektive Behandlung von ADHS bestätigt werden.

Achtsamkeitsbasierte Behandlung

Wie auch in der Behandlung von anderen psychischen Störungen haben in der Therapie von ADHS achtsamkeitsbasierte Verfahren Einzug gehalten. Als eine psychotherapeutische Intervention kann Achtsamkeit nach Zylowka et al. (2008) als nicht wertende, selbst regulierte Aufmerksamkeit auf die Gegenwart beschrieben werden. Ziel von Achtsamkeitstrainings sind die Verbesserung der individuellen Bewusstheit und die Akzeptanz von internen Wahrnehmungen wie Gedanken, Gefühlen oder physiologischen Empfindungen sowie des Bewusstwerdens und der Akzeptanz des äußeren Geschehens (Cash & Wittingham, 2010). Insbesondere zur Behandlung von internalisierenden Störungen wie Ängsten oder Depressionen haben sich achtsamkeitsbasierte Verfahren als wirksam erwiesen (Khoury et al., 2013). Im Speziellen ist im Bereich der ADHS-Forschung die Frage aufgekommen, ob Achtsamkeit und ADHS die gleichen geistigen Prozesse betreffen, da aufrechterhaltende Aufmerksamkeit auch zentral für Achtsamkeit ist (Smalley et al., 2009). Die aktuelle Forschungslage zeigt, dass achtsamkeitsbasierte Verfahren die Kernsymptome der ADHS bei Erwachsenen reduzieren, mit Verbesserungen sowohl der Aufmerksamkeit als auch exekutiver Kontrolle (Zylowka et al., 2008). In der Meta-Analyse von Cairncross und Miller (2020) wurde die Effektivität von achtsamkeitsbasierten Verfahren in der

Behandlung von ADHS differenziert für die Kernsymptome Unaufmerksamkeit und Hyperaktivität/Impulsivität untersucht. Es zeigte sich, dass durch achtsamkeitsbasierte Verfahren Unaufmerksamkeit bei Patient:innen mit ADHS signifikant reduziert werden konnte – sowohl im Selbst- als auch im Fremdurteil. Die Ergebnisse deuten darauf hin, dass achtsamkeitsbasierte Verfahren insbesondere bei Erwachsenen im Bereich Unaufmerksamkeit wirksam sind. Als mögliche Ursachen hierfür führen Cairncross und Miller (2020) an, dass sich ADHS-Symptome über die Lebensspanne ändern und Unaufmerksamkeit mit zunehmendem Alter stärker beeinträchtigend ist. Auch könnten Erwachsene mit Defiziten in der Aufmerksamkeit bereitwilliger für Veränderungen und Unterstützungen sein. Zudem haben Erwachsene einen größeren Einblick in ihre Symptome und können somit auch Verbesserung durch eine Behandlung besser wahrnehmen. Die Ergebnisse sollten jedoch vorsichtig aufgrund der Heterogenität der Studien interpretiert werden. Auch wurde in vielen Studien nicht die genaue Technik des Achtsamkeitstraining spezifiziert. Trotz dieser Einschränkungen zeigen sich ähnliche Ergebnisse in einer weiteren Meta-Analyse (Xue, Zhang & Huang, 2019). Auch hier wird eine größere Wirkung der achtsamkeitsbasierten Verfahren auf die Unaufmerksamkeit als auf die Hyperaktivität/Impulsivität berichtet und es lässt sich ein signifikanter Einfluss des Alters feststellen: Erwachsene profitierten mehr als Kinder. Die Autor:innen nehmen an, dass sich dies durch die bessere Introspektionsfähigkeit der adulten Patient:innen erklären lässt. Hoxhaj und Kolleg:innen (2018) stellen einen Geschlechtsunterschied fest: Männer profitierten in der Studie mehr von der Achtsamkeitsgruppe als Frauen – ein zu bisherigen Ergebnissen der Achtsamkeitsforschung konträrer Befund. Andere Studien stellten entweder keine Geschlechtsunterschiede fest oder eine stärkere Verbesserung der Symptomatik bei Frauen (eine Zusammenfassung der Ergebnisse finden Sie bei Katz & Toner, 2013). Hinsichtlich der Geschlechtereffekte und Achtsamkeitsinterventionen ist also weitere Forschung nötig.

Kognitiv-verhaltenstherapeutische Behandlung

Newark und Stieglitz (2010) betonen die kognitiv-verhaltenstherapeutische Perspektive bei der Behandlung von adulten Patient:innen mit

ADHS. Diese zeigten häufig eine lange Vorgeschichte von Versagen und Nichterreichen von gesteckten Zielen wie schulischen Abschlüssen und Beziehungen. Dieser Patient:innenpopulation fehlten oftmals adaptive Bewältigungsfertigkeiten, was sich auch in negativen kognitiven Überzeugungen zeige, z. B. der Annahme, fehlerhaft zu sein, zu versagen und über eine unzureichende Selbstkontrolle zu verfügen. Dies wiederum münde in ein geringes Selbstbewusstsein und Zweifel an die eigenen Fähigkeiten, was im Sinne einer selbsterfüllenden Prophezeiung zu einer Abwärtsspirale führt – »ich kann nichts, ich werde es niemals schaffen, es lohnt sich auch nicht, es überhaupt erst zu versuchen«. Diese wenig hilfreichen Überzeugungen wiederum verstärken die negativen emotionalen Reaktionen auf äußere Anforderungen und fördern laut den Autor:innen auch maladaptive Bewältigungsstrategien wie Prokrastination oder Vermeidung. Die Konsequenz sind bleibende oder sich sogar vergrößernde Probleme, ein geringer Selbstwert zusammen mit dem Gefühl, die Probleme nicht effektiv bewältigen zu können, was sich in einem Teufelskreis niederschlägt: Wenn die Patient:innen erst einmal in solch einem negativen emotionalen Zustand sind, bewerten sie die Situation auch negativ (▶ Abb. 5.1).

Im Sinne eines kognitiv verhaltenstherapeutischen Ansatzes ist es nach Newark und Stieglitz (2010) für die Behandlung der adulten ADHS wichtig, neue hilfreiche Schemata und Überzeugungen zu entwickeln. Neben einem vorrangig problemorientierten Ansatz sollten auch die Ressourcen und Fähigkeiten der Patient:innen herausgestellt werden. Darüber hinaus sollten verschiedene internale Ressourcen wie Kreativität oder Resilienz, die häufig bei adulten Patient:innen mit ADHS anzutreffen sind, gefördert werden (Bramham et al., 2009). Dieses positive Potenzial der Patient:innen kann nach Aktivierung den Therapieerfolg maßgeblich verbessern. Zusätzlich kann noch die Nutzung von externalen Ressourcen wie Freund:innen, Familie oder Coaches eine sinnvolle Strategie darstellen, um ein Unterstützungssystem zu implementieren (Barkley, 2009). Eine positive Neubewertung kann stattfinden, wenn sich die Patient:innen ihrer Ressourcen und vorhandener Bewältigungsstrategien bewusst werden. Selbstbewusstsein und Selbstwert werden gesteigert und die Patient:innen sind zunehmend überzeugt, dass sie die herausfordernde Situation meistern können. Dies führt dazu, dass Gedanken und

5.2 Behandlungsmöglichkeiten

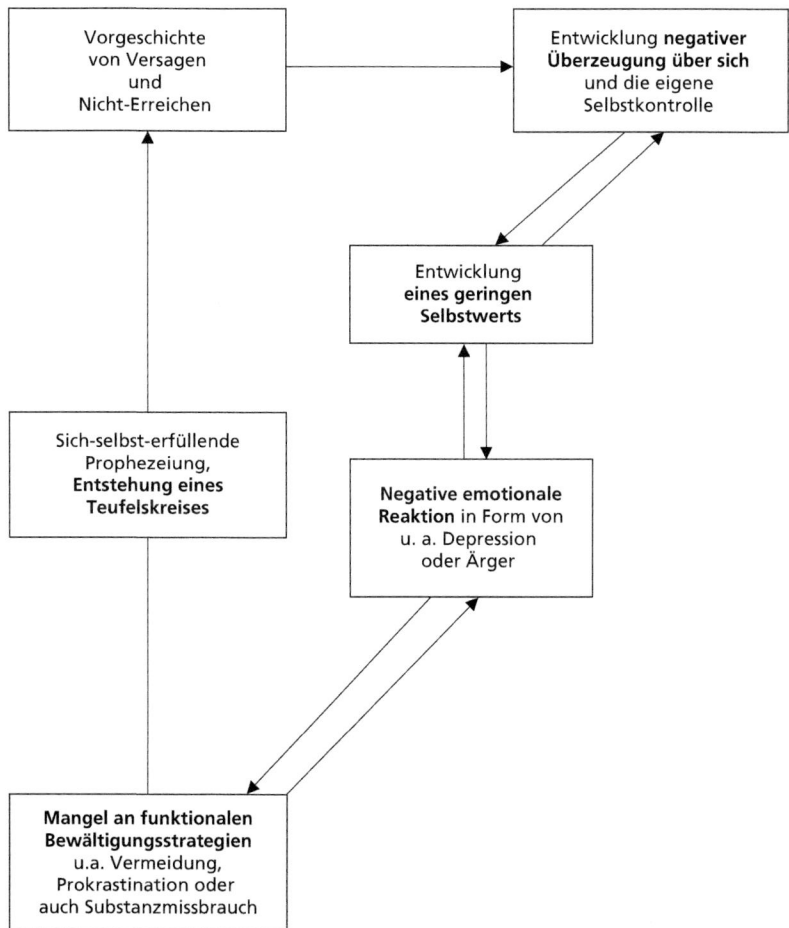

Abb. 5.1: Lerntheoretisches Modell adulter ADHS, modifiziert nach Newark & Stieglitz (2010)

Überzeugungen positiv konnotiert werden, was in positiven Gefühlen resultiert sowie wiederum das Verhalten und die Bewältigungsstrategien positiv beeinflusst: Statt Vermeidung versuchen die Patient:innen, das Problem aktiv anzugehen, und suchen sich ggf. Unterstützung. Die Patient:innen erleben Erfolge und das Gefühl von Kontrolle. Vorhandene

Schemata werden durch diese neuen Erfahrungen überarbeitet und hilfreiche neue Schemata können entstehen, was wiederum die positive Neubewertung verbessert, sodass eine positive Feedbackschleife entsteht. Das Herausstellen der Ressourcen der Patient:innen hilft ihnen, Probleme anders, optimistischer und hilfreicher anzugehen, was wiederum zu positiven Erfahrungen führt; weitere nicht konforme Schemainformationen werden generiert und verstärken ihrerseits positive Überzeugungen über das Selbst und die eigenen Fähigkeiten (▶ Abb. 5.2).

In verschiedenen kognitiv-verhaltenstherapeutischen (KVT) oder auch Metakognitiven Therapien (MCT) wurden die oben beschriebenen lerntheoretischen Annahmen implementiert. Sie enthalten neben Psychoedukation Strategien zum Umgang mit Zeitmanagement, Organisation und Planung. Zusätzlich werden dysfunktionale depressive und ängstliche Gedanken sowie Verhalten verändert, was sich positiv auf den Selbstwert auswirkt. Die Wirksamkeit dieser Methoden konnte in verschiedenen Untersuchungen nachgewiesen werden (Jensen, Amdisen, Jørgensen & Anfred, 2016; Lopez et al., 2018; Young, Moghaddam & Tickle, 2020).

Die Studie von Solanto et al. (2010) vergleicht Metakognitive Therapie (MCT) mit einer Unterstützungsgruppe. In der Unterstützungsgruppe können die Teilnehmenden in der ersten Hälfte aktuelle Themen besprechen. In der zweiten Hälfte erfolgt – sofern Zeit bleibt – eine Psychoedukation durch Therapeut:innen zu relevanten Themen wie z. B. den Primärsymptomen ADHS oder der Symptommanifestation im Alltag. Für beide Behandlungsformen ließen sich Verbesserungen feststellen, jedoch zeigte die MCT eine größere Verbesserung. Für Angst und Depression zeigten sich keine Veränderungen, was die Autor:innen damit erklären, dass die Werte schon vor Behandlung in einem unauffälligen Bereich lagen. Die Ergebnisse werden hier unter der KVT Behandlung aufgeführt, da die Inhalte der Behandlung (Veränderung von depressiven oder ängstlichen Kognitionen, Selbstbelohnung, Motivationsarbeit) der klassischen KVT entsprechen und weniger der MCT, da Überzeugungen zu Aufmerksamkeit, Sorgen und Grübeln nicht thematisiert wurden (Wells & Fisher, 2011).

In der Übersichtsarbeit von Lopez und Kollegen (2018) wurde KVT mit Kontrollbedingungen, in Kombination mit Psychopharmakologie und anderen spezifisch auf ADHS ausgerichteten Therapieformen unter-

5.2 Behandlungsmöglichkeiten

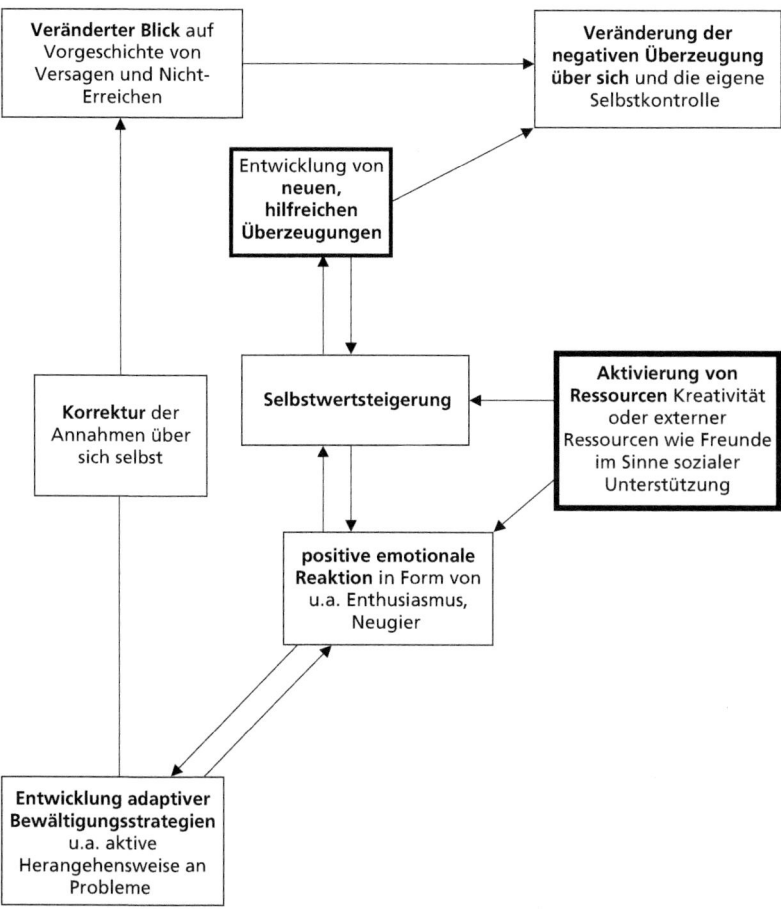

Abb. 5.2: Lerntheoretisches Modell der Coping Strategien und Ressourcen adulter ADHS, modifiziert nach Newark & Stieglitz (2010)

sucht und hierbei sowohl die Wirksamkeit auf ADHS-Symptome sowie auf assoziierte Symptome wie Angst, Depression, Selbstwert oder Ärger geprüft. Lopez et al. (2018) subsumieren in dieser Studie zu KVT Dialektisch Behaviorale Therapie (s. u.) wie bei Hesslinger, Philipsen und Richter (2004), metakognitive Therapieformen und achtsamkeitsbasierte Verfahren. Insgesamt wurden 14 Studien integriert (u. a. Emilsson et al.,

2011; Hirvikoski et al., 2011; Safren et al., 2005; Schoenberg et al., 2014; Solanto et al., 2010; Virta et al., 2010). Im Vergleich mit anderen aktiven Behandlungsformen konnten vier Studien integriert werden. Diese untersuchten u. a. Psychoedukation (Vidal et al., 2013) und Entspannungsverfahren in Kombination mit Psychoedukation (Safren et al., 2010). Andere verglichen KVT mit einem computerisierten systematischen Training, das Aufmerksamkeit, exekutive Funktionen und das Arbeitsgedächtnis trainieren sollte (Virta et al., 2010), oder mit einem Selbsthilfe Manual, das Psychoedukation, Planung, Strukturierung sowie Zeit- und Stressmanagement zum Inhalt hatte (Fleming et al., 2015). Zusammenfassend lässt sich eine größere Reduktion der Kernsymptome bei KVT im Vergleich mit den unterschiedlichen anderen Therapieformen feststellen, sowohl für das Selbst- als auch das Fremdurteil. Auch KVT in Kombination mit Psychopharmakotherapie war wirksamer als Psychopharmakotherapie allein. Bezüglich der assoziierten Symptome erscheint KVT zudem wirksamer als alternative Behandlungsformen. So zeigen sich Unterschiede im Selbstbericht bezüglich Depression oder Angst beim Vergleich der Kombinationsbehandlung von KVT mit Psychopharmakotherapie vs. alleiniger Psychopharmakotherapie. Kritisch muss jedoch angemerkt werden, dass Daten aus Nachuntersuchungen fehlen, die Heterogenität der gemessenen Ergebnisse und die begrenzte geographische Variabilität die Generalisierbarkeit dieser zusammenfassenden Übersichtsarbeit einschränken.

In einer aktuellen Untersuchung (Young et al., 2020) zeigt sich ebenfalls eine höhere Wirksamkeit von KVT. Insgesamt vier Studien, die KVT mit alternativen Behandlungsformen vergleichen, wurden in dieser Studie integriert. Die Studien umfassten unterschiedliche Behandlungen wie Entspannungsverfahren mit Psychoedukation (Safren et al., 2010), Unterstützungsgruppen (Solanto et al., 2010), Psychoedukation (Vidal et al., 2013) oder KVT verglichen mit Stimulanzien vs. Placebo Medikation (Weiss et al., 2012).

Spezifische kognitive-behaviorale Programme

1. PENN-KVT (Ramsay & Rostain, 2015)

Im Rahmen der PENN-KVT nach Ramsay und Rostain (2015) erhalten die Patient:innen eine nach dem Fallkonzept individuell zugeschnittene Behandlung. Diese besteht aus 16 50-minütigen Sitzungen, die innerhalb von sechs Monaten durchgeführt werden. Die Autoren betonen, dass diese Patient:innengruppe vor allem Zeit benötige, um neue Bewältigungsstrategien zu erlernen (Rostain & Ramsay, 2006). Aufgrund der Komplexität der Symptomatik bei adulten ADHS-Patient:innen, die mit deutlichen Beeinträchtigungen der Patient:innen einhergehen, haben sich Ramsay und Rostain für personalisierte Interventionen im Einzelsetting entschieden. Sie greifen dafür auf einen Pool von Strategien zurück, die sich als wirksam in der Behandlung von Planungs-, Steuerungs- oder Kontrolldefiziten erwiesen haben. Alle Sitzungen sind nach der gleichen Struktur aufgebaut: Zunächst werden die aktuelle Stimmung und Belastung erfragt. Anschließend werden ggf. Fragen oder noch nicht bearbeitete Inhalte aus der letzten Sitzung geklärt sowie wichtige Fragen zur Medikation (wie Nebenwirkungen o. ä.) besprochen. Im nächsten Schritt werden therapeutische Hausaufgaben besprochen, die vor allem bei dieser Patient:innengruppe wichtig sind. Auch beim Fehlen der Hausaufgaben können wichtige Informationen erhoben werden: warum der/die Patient:in diese nicht erledigen konnte und wie diese Hindernisse zukünftig behoben werden können. Dieses Thema kann auch eine komplette Sitzung einnehmen. Für die weitere Sitzung wird eine Tagesordnung festgelegt, damit die relevanten Inhalte fokussiert bearbeitet werden können.

Die Zusammenstellung der Interventionsmöglichkeiten basiert auf zwei Komponenten: zum einen auf der Entwicklung und Implementierung von Bewältigungsstrategien, um besser mit ADHS-Symptomen umgehen zu können (u. a. Organisations- oder Zeitmanagementstrategien, Umgang mit störenden Umgebungsfaktoren); zum anderen auf der Identifikation und Veränderung von nicht hilfreichen Gedanken und Grundannahmen, die, wie im Modell von Newark und Stieglitz (2010) beschrieben, zu ineffektiven Bewältigungsstrategien (z. B. Vermeidung) und emotionalen Schwierigkeiten führen (siehe dazu auch Ramsay, 2010). Zu Beginn der Behandlung empfehlen Ramsay und Rostain (2005) mit kleineren, leichter zu lösenden Problemen zu beginnen, da die Patient:innen ansonsten mit ihrer gering ausgeprägten Frustrationstoleranz und ihren Schwierigkeiten, Prioritäten zu setzen, überfordert sein könnten und es zu Therapieabbrüchen kommen kann.

Die Wirksamkeit dieser Intervention konnte in einer Untersuchung mit einer kombinierten Behandlung mit Methylphenidat bei 43 Patient:innen nachgewiesen werden (Rostain & Ramsay, 2006). Es wurden sowohl Verbesserungen in den Kernsymptomen als auch für komorbide Symptome wie Angst und Depression und im allgemeinen Funktionsniveau festgestellt. Dies zeigte sich in der Selbstbeurteilung der Patient:innen als auch in den klinischen Beurteilungen. Allerdings können aufgrund dieser offenen Studie unspezifische Einflüsse wie z. B. Placebo Effekte oder Beurteilungsfehler nicht ausgeschlossen werden. Auch ist unklar, ob die Verbesserung auf die therapeutische oder medikamentöse Behandlung zurückzuführen ist.

2. Kognitive Verhaltenstherapie der ADHS des Erwachsenenalters (Safren et al., 2009)

Ein weiteres kognitiv-verhaltenstherapeutisches Therapieprogramm, das ebenfalls im Einzelsetting durchgeführt wird, ist von Safren, Perlman, Sprich und Otto (2009). Dieses basiert auf der klinischen Erfahrung, dass trotz erfolgreicher medikamentöser Behandlung bei vielen Patient:innen weiterhin eine Restsymptomatik oder Beeinträchtigung besteht. Die relevanten Problembereiche wurden mit Patient:inneninterviews identifiziert und in fünf Arbeitseinheiten (Module) integriert, die jeweils mehrere Sitzungen umfassen. Der Behandlungsansatz wurde für bereits medizierte Patient:innen entwickelt. Es fußt auf der Erfahrung, dass unmedizierte Patient:innen aufgrund ihrer Symptomatik große Schwierigkeiten bei der Teilnahme und Umsetzung der Programminhalte zeigen. Die Sitzungen dauern jeweils 50 Minuten und sind mit einer Sitzung pro Woche konzipiert. Da Wiederholung für diese Patient:innenpopulation wichtig ist, um ausreichend Spielraum für die Bearbeitung von Problemen und Schwerpunktsetzung zu haben, werden für die

Durchführung 25 Sitzungen veranschlagt. Die Reihenfolge der Module kann bedarfsorientiert verändert werden. Auch in diesem Programm wird die Betonung von Hausaufgaben zum Erlernen von Bewältigungsstrategien besonders herausgestellt (Zusammenfassung siehe Sprich et al., 2012).

Modul 1 (Sitzung 1–5) beinhaltet neben einer Psychoedukation das Training von Fertigkeiten im Bereich Alltagsorganisation sowie Aufgaben- und Zeitplanung. Darüber hinaus werden Zeitmanagementsysteme sowie Problemlösestrategien vermittelt. In *Modul 2* (Sitzung 6–7) erfolgt die Festlegung der eigenen Aufmerksamkeitsspanne (z. B. wie lange kann an einer langweiligen Aufgaben ohne Unterbrechung gearbeitet werden), danach werden unattraktive Arbeiten, je nach der individuellen Aufmerksamkeitsspanne, in kleinere Einheiten eingeteilt. Es werden Strategien zum Umgang mit Ablenkung vermittelt (Arbeit mit Timer oder Gedächtnisstützen, Arbeitsplatz aufräumen etc.).

Hierauf folgt in *Modul 3* (Sitzung 8–11) Psychoedukation zum Thema kognitive Arbeit und dem Zusammenhang von Gedanken, Gefühlen und Verhalten. Es gibt eine Einführung in die gedankliche Umstrukturierung sowie in das Erarbeiten hilfreicher Gedanken zur Bewältigung von schwierigen Situationen. In *Modul 4* (Sitzung 12–14) wird Psychoedukation zum Thema Emotionen sowie eine Einführung in das ABC Schema nach Ellis (1979) durchgeführt. Der/die Patient:in lernt, den eigenen Einfluss auf Gefühle zu erkennen. Darauf folgt der Umgang mit intensiven Gefühlen wie Ärger oder Wut (Notfallkoffer erstellen, Distanz herstellen, Abbau von Stress, feste Tagesstruktur, Routinen, Schlaf etc.). Im optionalen *Modul 5* (Sitzung 15–17) werden die Vor- und Nachteile von Vermeidungsverhalten sowie dessen Reduktion durch die Anwendung bereits erlernter Strategien erarbeitet. Im Anschluss können bei Bedarf eine Psychoedukation zu ADHS für Familie und Angehörige erfolgen und darüber hinaus der Einfluss von ADHS auf die Beziehung erarbeitet werden. Abschließend erfolgt ein Rückblick auf die Behandlung sowie eine Bewertung der erarbeiteten Strategien (▶ Tab. 5.1).

Die Wirksamkeit dieser Therapie wurde von den Autor:innen in einer Studie nachgewiesen, an der 31 Personen teilnahmen, die über zwei Monate medikamentös behandelt wurden und Restsymptome aufwiesen (Safren et al., 2005). Sie erhielten mindestens zehn Sitzungen Einzeltherapie, während die Kontrollgruppe weiterhin ausschließlich medikamentös behandelt wurde. Durch unabhängige Beurteilende konnten für die Interventionsgruppe Verbesserungen der ADHS-Symptomatik und des globalen Funktionsniveaus festgestellt werden. Im Bereich Depressivität zeigte sich ebenfalls eine signifikante Verbesserung (siehe auch Sprich et al., 2016).

Tab. 5.1: Inhalte der Kognitiven Verhaltenstherapie nach Safren et al. (2009)

Modul	Thema	Inhalt
Modul 1	Psychoedukation, Organisation, Planung	Ursachen, Symptomatik, Therapie der ADHS, Alltagsorganisation
Modul 2	Umgang mit Ablenkbarkeit	Kontrolle der Ablenkbarkeit, Strategien gegen das Verlieren von Gegenständen
Modul 3	Kogn. Umstrukturierung, funktionales Denken	Identifikation und Umgang mit dysfunktionalen kogn. Schemata
Modul 4	Emotionsregulation	Kogn. Emotionsmodell, Strategien zur Emotionsregulation
Modul 5	Optionale Sitzungen	Umgang mit Vermeidungsverhalten, Partner und Familie, Rückfallprophylaxe

3. ADHS bei Erwachsenen. Diagnostik und Behandlung von Aufmerksamkeits-/Hyperaktivitätsstörungen (Lauth & Minsel, 2009)

Ein weiteres kognitiv-verhaltenstherapeutisches Manual ist das Training »ADHS bei Erwachsenen« von Lauth und Minsel (2009). Dieses Gruppentraining enthält insgesamt fünf Trainingseinheiten und eine Auffrischungssitzung. Jede Sitzung verfolgt ausschließlich ein Thema, ist immer nach dem gleichen Schema aufgebaut und fördert die Eigenaktivität der Teilnehmenden. Die Trainingseinheiten sind unterschiedlich lang (die erste Einheit umfasst fünf Stunden, während die folgende drei Stunden umfasst). Sitzungen sollen im wöchentlichen Rhythmus durchgeführt werden. Der Abstand zur Auffrischungssitzung wird größer gewählt (drei bis fünf Wochen), »um den Trainingsinhalten Zeit zum Wirken zu geben« (Lauth & Minsel, 2009, S. 83). Das Programm richtet sich an Erwachsene ab 18 Jahren und sollte im Gruppensetting mit vier bis zehn Teilnehmenden durchgeführt werden. Es kann jedoch ebenfalls als Einzeltraining angewendet werden. Die Übungen erfolgen anhand der Alltagsprobleme der Teilnehmenden. Es werden feste Tandems aus zwei Teilnehmenden gebildet, die ähnliche Probleme aufweisen, um sich außerhalb des Trainings zu unterstützen. Eine medikamentöse Einstellung ist laut Autoren empfehlenswert.

Einheit 1: Die Teilnehmenden legen fest, was sich innerhalb des Trainings verändern soll, und formulieren drei Ziele aus verschiedenen Bereichen, die sie erreichen wollen. Die Tandems werden anhand der Diagnostikergebnisse gebildet.

Einheit 2: Es wird der innere Dialog rekonstruiert, der die initiale Aufgabenbearbeitung hemmt. Die Teilnehmenden erwerben Strategien, um umfangreiche Aufgaben einzuteilen, sowie Fähigkeiten, Aufgaben zu beginnen.

Einheit 3: Hier liegt der Fokus auf der Vermittlung von Gedächtnisstrategien. Darüber hinaus werden in dieser Sitzung weitere Probleme erhoben, die im Zusammenhang mit Gedächtnis- und Konzentrationsschwierigkeiten auftreten können, und Lösungsmöglichkeiten generiert. Der Begriff der exekutiven Kontrolle wird wie folgt erläutert: Aufgaben lösen und gleichzeitig (metakognitiv) das eigene Vorgehen überwachen.

Einheit 4: Die Teilnehmenden lernen, Prioritäten zu setzen und herauszufinden, welche Tätigkeiten für sie wichtig und dringend sind und welche nicht (anhand des Eisenhower-Prinzips, ▶ Abb. 5.3). Dies soll die Stressreduktion unterstützen. Zusätzlich erfolgt ein Vergleich des tatsächlichen (Ist-) mit dem wünschenswerten (Soll-Zustand) ihres Tagesablaufs sowie Lösungsvorschläge, wie Ist und Soll sich angleichen können.

Einheit 5: In dieser Sitzung geht es um Defizite bei der Kommunikation. Es werden Kommunikationsfertigkeiten eingeübt und vermittelt, dass effektive Kommunikation mit Ort, Zeitpunkt und Umständen verbunden ist. Günstige Bedingungen sowie Gesprächsmittel werden erläutert.

Einheit 6: In der Auffrischungssitzung werden bisherige Veränderungen erörtert sowie weitere Änderungsnotwendigkeiten festgehalten. Es wird ein Vergleich mit den Trainingszielen der ersten Sitzung erstellt. Wurden diese erreicht und was war hilfreich? Wie kann Nützliches beibehalten werden (z. B. durch weitere Zusammenarbeit in Tandems)?

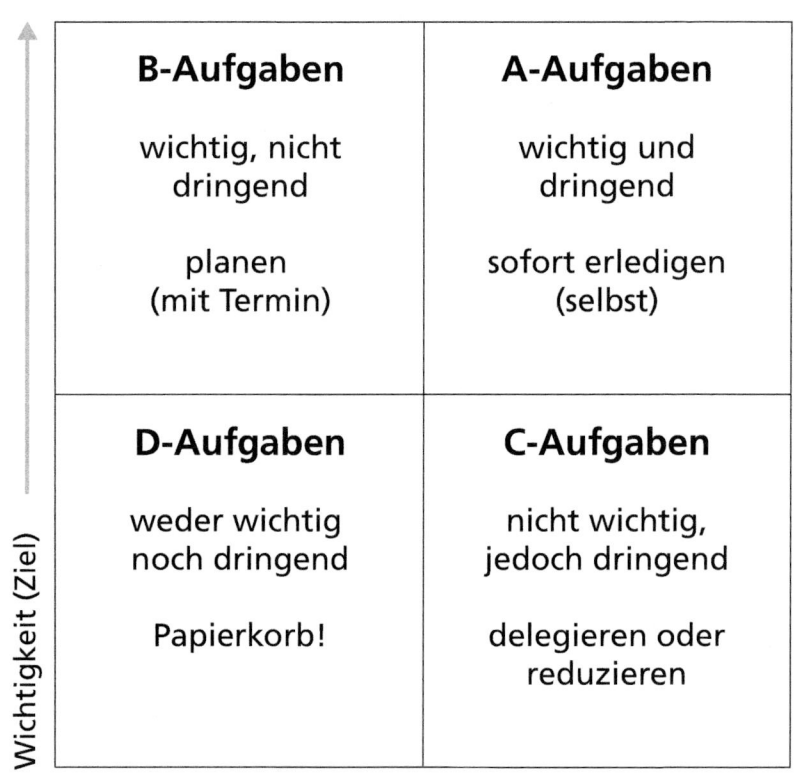

Abb. 5.3: Die Eisenhower Matrix

Zur Evaluation des Programms wurde die Erreichung der individuellen Therapieziele von Teilnehmenden (ausschließlich Studierende) genutzt (Lauth, Breuer & Minsel, 2010). Es wurden bedeutsame und alltagsrelevante Ziele aus den Bereichen Studium, Gesundheit/Lebensführung und Freizeit genannt. Die studienbezogenen Ziele wurden zu 63,23 %, die aus dem Bereich Gesundheit/Lebensführung zu 54,56 % und aus dem Bereich Freizeit zu 45,83 % erreicht. Die ADHS-Symptomatik reduzierte sich signifikant im Laufe der Behandlung (siehe auch Lauth, Minsel & Koch, 2015). Kritisch anzumerken an dieser Untersuchung ist, dass eine Vergleichsgruppe für die Behandlungseffekte fehlt. Auch ist die Teilnehmendenzahl gering und die Bewertung der Wirksamkeit anhand der Zielerreichung fällt schwer.

Tab. 5.2: ADHS bei Erwachsenen nach Lauth und Minsel (2009)

Einheit	Thema	Inhalt
Einheit 1	Was soll sich ändern? Was kann so bleiben?	Indiv. Probleme und konkrete Ziele bestimmen, Tandems bilden
Einheit 2	Anfangen und umsetzen	Hindernisse beim Start, Stolpersteine beim Umsetzen
Einheit 3	Gedächtnis, Konzentration und Co.	Psychoedukation Gedächtnis und Teilleistungsschwächen, Gedächtnisstrategien erarbeiten
Einheit 4	Prioritäten setzen und einteilen	Tagesablauf, Einteilen von Zeit und Geld
Einheit 5	Verstehen und verstanden werden	Kommunikationsfertigkeiten einüben, schwierige Situationen
Einheit 6	Auffrischungssitzung	Stabilisierung der bisherigen Verbesserungen

4. Training bei ADS im Erwachsenenalter, TADSE (Baer & Kirsch, 2010)

Als weiteres kognitiv-verhaltenstherapeutisches Manual ist das »Training bei ADS im Erwachsenenalter« (TADSE) von Baer und Kirsch (2010) zu nennen. Dieses Gruppentraining, das für eine maximale Gruppengröße von zehn Teilnehmenden entwickelt wurde, entstand in Zusammenarbeit mit Betroffenen. Im Fokus steht das Einüben von Impulskontrollstrategien sowie deren Einsatz und Umsetzung im Alltag, was wiederum die Reaktionsverzögerung und damit auch die Handlungssteuerung fördern soll. Basis dieses Interventionsverfahrens sind neben den Impulskontrollstrategien das verbale Selbstinstruktionsverfahren (Meichenbaum &

Goodman, 1971) sowie der Aufbau von Bewältigungsmechanismen. Einzelne Übungen sind laut Autor:innen sowohl im Einzelsetting als auch in Selbsthilfegruppen übertragbar. Das Training umfasst zehn Bausteine mit zwei Blöcken à 45 Minuten zu verschiedenen ADHS-relevanten Themen (eine Übersicht befindet sich in ▶ Tab. 5.3) Die Aufteilung in zwei Einheiten dient zum einen der Strukturierung und zum anderen kommt es der reduzierten Aufmerksamkeitsspanne der Patient:innen entgegen. Eine gerade Teilnehmendenzahl wird empfohlen, da viele Übungen im Tandem eingeübt werden. Die Sitzungen folgen immer dem gleichen Ablauf: Zuerst werden eine Mindmap sowie ein Arbeitsblatt zur letzten Sitzung erstellt und besprochen, um das Wissen zu verfestigen. Nach einer Pause folgen neue Inhalte und nach einer Auflockerungsübung gibt es Arbeitsblätter zu den neuen Inhalten sowie Hausaufgaben.

Im *ersten Baustein* werden zunächst das Training vorgestellt sowie Organisatorisches geklärt. Es werden Gruppenregeln aufgestellt und die gelbe und rote Karte des TADSE-Trainings vorgestellt (gelbe Karte: einmaliger Verstoß gegen eine Gruppenregel und Verwarnung; rote Karte: zweimaliger Verstoß und vorher vereinbarte Konsequenz erfolgt, wie z. B.: Essen mitbringen, Gruppenraum aufräumen o. ä.). In der zweiten Hälfte findet eine Einführung in das Störungsbild statt. Ursachen der ADHS sowie ein Störungsmodell werden im *zweiten Baustein* vermittelt und Behandlungsziele in Form von »Kleinen Wünschen« erarbeitet. Im *dritten Baustein* stehen die Impulskontrolle sowie die Selbstregulation im Fokus. Außerdem wird das »Stopp-Prinzip« (Denken, Prüfen, Handeln) eingeführt. Im *vierten Baustein* wird das »Stopp-Prinzip« vertieft und von der verbalen in die gedankliche Nutzung überführt. Des Weiteren werden die Themen Konzentration und Aufmerksamkeit ein- sowie Konzentrationsübungen durchgeführt. Der *fünfte Baustein* ist eine Fortführung des vorherigen, mit einer weiteren Schulung der Konzentrationsfähigkeit. Zeitwahrnehmung und Zeitmanagement werden im *sechsten Baustein* thematisiert. Ein Tagesplan wird aufgestellt, Zeitfresser werden identifiziert und Strategien dagegen erarbeitet. Funktions- und Arbeitsweise von Kurz- und Langzeitgedächtnis sowie die häufigsten damit zusammenhängenden Probleme werden im *siebten Baustein* erläutert. Aufbauend hierauf werden im *achten Baustein* Abrufstrategien vermittelt, die Patient:innen helfen, vergessen geglaubte Inhalte hervorzuholen und neue Informationen abzuspeichern. Im *neunten Baustein* werden Anregungen zu Alltags- und Organisationshilfen gegeben, wodurch der Alltag erleichtert werden kann. Im *zehnten Baustein* werden alle Themen des

Tab. 5.3: Inhalte des Trainings bei ADS im Erwachsenenalter TADSE nach Baer & Kirsch (2010)

Einheit	Thema	Inhalt
Einheit 1	Organisatorisches und Einführung	Vorstellung, Gruppenregeln, ADHS-Symptome
Einheit 2	Wissenswertes zu ADHS	Psychoedukation zu ADHS und Störungsursache, »kleine Wünsche«
Einheit 3	Impulskontrolle und Selbstregulation	Lernen von Impulskontrollstrategien, Einübung der Stopp Regel (Denken, Prüfen, Tun)
Einheit 4	Aufmerksamkeit und Konzentration I	Vertiefung der Stopp Regel, Überführung von der verbalen in die gedankliche Nutzung, Schulung der Konzentration
Einheit 5	Aufmerksamkeit und Konzentration II	Verfestigung der gedanklichen Nutzung der Stopp Regeln, Schulung der Konzentration
Einheit 6	Zeitwahrnehmung und Zeitmanagement	Psychoedukation zum Zeitmanagement, Sensibilisierung für verschied. relevante Aspekte und Dauer von Tätigkeiten
Einheit 7	Kurz- und Langzeitgedächtnis	Verdeutlichung der Arbeitsweise des Gedächtnisses, Strategien zur Unterstützung der Gedächtnisleistung
Einheit 8	Abrufstrategien	Verständnis für Abrufstrategien, Verbesserung der Abruf- bzw. subjekt. Gedächtnisleistung
Einheit 9	Alltags- und Organisationshilfen	Verknüpfung bislang erlernter Techniken zu Strategien, um Alltag besser zu organisieren
Einheit 10	Abschluss	Reflexion des Trainings: wovon profitiert? Ziele erreicht? Selbsthilfegruppe?

Trainings wiederholt und es wird gemeinsam reflektiert, was hilfreich war. Zudem wird die Möglichkeit gegeben, das Training in eine Selbsthilfegruppe zu überführen.

Das Behandlungsprogramm wurde bisher in zwei (nicht veröffentlichten) Studien hinsichtlich seiner Wirksamkeit evaluiert. In einer ersten Studie (Baer, 2005) wurden 18 Patient:innen mit ADHS oder einem Verdacht auf ADHS über acht Wochen trainiert und vorher und nachher zu subjektiven Veränderungen der Symptome und Belastungen nach dem Training befragt. 75 % der Teilnehmenden erlebten eine signifikante subjektive Verbesserung der Symptome. Im Bereich der neuropsychologischen Funktion zeigte sich ebenfalls eine Verbesserung bezüglich räumlicher Orientierung, Wachsamkeit, exekutiver Kontrolle. Allerdings erfolgte keine Kontrolle unspezifischer Trainingseffekte.

In einer weiteren Untersuchung (Haible-Baer, 2013) wurde die Wirksamkeit bei Patient:innen mit gesicherter Diagnose untersucht. Das Training wurde mit einer Selbsthilfegruppe verglichen und gleichzeitig die Wirksamkeit von Atomoxetin kontrolliert durch eine Placebo Bedingung, sodass sich vier verschiedene Gruppenbedingungen ergaben: TADSE + Atomoxetin, TADSE + Placebo, Selbsthilfegruppe (SHG) + Atomoxetin, SHG + Placebo. Zusammenfassend lässt sich feststellen, dass das TADSE Training der Selbsthilfegruppe leicht überlegt ist. Die Fähigkeit, sich selbst zu regulieren und insgesamt langsamer zu reagieren, zeigte sich nach diesen Ergebnissen nur in der aktiven TADSE-Gruppe (verbesserte Impulskontrolle). Hinsichtlich der klinischen Symptomatik berichteten alle Teilnehmenden unabhängig von der Art der Gruppenintervention und Substanz eine signifikante Symptomreduktion. Die Gesamtwerte und die Unterskalen Aufmerksamkeit und Hyperaktivität/Impulsivität verbessern sich in allen vier Bedingungen nach der Intervention. Auch in der Fremdbeurteilung lässt sich insgesamt eine Verbesserung der Symptomatik, aber kein Effekt der Intervention oder Substanz feststellen. Einschränkend muss erwähnt werden, dass die Stichprobe insgesamt sehr klein war und durch die Einschlusskriterien (u. a. Ausschluss von Komorbiditäten) eine Selektion der Stichprobe erfolgte. Darüber hinaus fällt auf, dass die Teilnehmenden schon zu Behandlungsbeginn wenig Fehler in den neuropsychologischen Testverfahren machten, sodass auch aus methodischen

Gründen (Bodeneffekt) signifikante Unterschiede ausgeblieben sein können.

5. Psychotherapie der ADHS im Erwachsenenalter (Hesslinger et al., 2004)

Das Therapiemanual von Hesslinger et al. (2004) basiert auf der Dialektisch Behavioralen Therapie nach Linehan (1996). Aufgrund der Überlappung von klinischen Symptomen bei ADHS und der Borderline Persönlichkeitsstörung (siehe Matthies & Philipsen, 2014; Paris, 2018; Philipsen, 2006; Rüfenacht et al., 2019) wurde dieses etablierte und gut evaluierte Therapieverfahren (Panos, Jackson, Hasan & Panos, 2014) für ADHS adaptiert. Im Review von Matthies und Philipsen (2014) werden die Gemeinsamkeiten von ADHS und der Borderline Persönlichkeitsstörung (BPS) zusammengefasst: Beiden Störungen ist Impulsivität und emotionale Instabilität gemeinsam. Ziel der Behandlung ist eine Balance zwischen Akzeptanz der Symptomatik und Verhaltensveränderungen herzustellen. Die Wichtigkeit von Hausaufgaben wird herausgestellt, um Erlerntes zu vertiefen und im Alltag anzuwenden. Zentral in der DBT sind die vier Module aus dem Fertigkeitentraining, die zum einen veränderungsorientierte (Umgang mit Gefühlen, zwischenmenschliche Fertigkeiten) und zum anderen akzeptanzbasierte Fähigkeiten (Achtsamkeit, Stresstoleranz) enthalten. Insbesondere zum Umgang mit den Emotionsregulationsdefiziten werden die Übungen zur Achtsamkeit und zum Umgang mit Gefühlen hervorgehoben, die in der DBT mehr Raum als bei traditionellen KVT Programmen einnehmen. Das Programm besteht aus zehn Modulen, die in 13 Sitzungen à 100 Minuten durchgeführt werden (▶ Tab. 5.4). Jede Sitzung ist nach dem gleichen Schema aufgebaut: Achtsamkeitsübung, Hausaufgabenbesprechung, Pause, Vermittlung neuer Inhalte, Besprechung der Hausaufgaben bis zur nächsten Sitzung. Der Schwerpunkt der Behandlung liegt auf dem Erlernen von Achtsamkeitsübungen und Verhaltensanalysen. Mittels Achtsamkeit soll ein »innerer Beobachter« trainiert werden, durch den eine Beobachtung und Kontrolle von Denken, Fühlen und Verhalten erreicht werden soll. Durch Verhaltensanalysen werden problematische Verhaltensweise analysiert und Alternativen generiert, um den »Da-will-ich-hin-Zustand« zu identifizieren (Hesslinger et al., 2004). Das Thema Emotionen wird nur in einer von 13 Sitzungen thematisiert.

In der COMPAS Studie (Philipsen et al., 2010) wurde die Wirksamkeit von Methylphenidat (MPH) im Vergleich zu dem beschriebenen Gruppenprogramm (DBT; Hesslinger et al., 2004) genau untersucht: In einem vierarmigen Design wurde die Wirksamkeit verglichen von 1) DBT + MPH; 2) DBT + Placebo; 3) individueller klinischer Betreuung (CM) + MPH; 4) CM + Placebo. Für DBT und CM zeigten sich keine Behandlungsunterschiede; in beiden Fällen kam es zu einer deutlichen Verbesserung (Philipsen et al., 2015). Methylphenidat in Kombination mit DBT oder CM erwies sich als wirksamer als Placebo, sowohl nach der zwölfwöchigen Behandlung als auch in der Aufrechterhaltungsphase nach 52 Wochen. Eine mögliche Erklärung dafür ist, dass aufgrund des Einzelsettings der CM-Bedingung besser auf die individuellen Schwierigkeiten der Patient:innen eingegangen werden konnte, als dies im Gruppensetting der DBT der Fall war (siehe auch Philipsen & Rosen, 2020). In einer Nachuntersuchung nach 1,5 Jahren blieben diese Verbesserungen stabil (Lam et al., 2019). Methylphenidat erweist sich weiterhin als wirksamer als Placebo und auch hinsichtlich der unspezifischen (CM) und der spezifischen (DBT) Behandlungsform lassen sich keine Unterschiede feststellen. Diese Ergebnisse sind vor allem deswegen erstaunlich, da nur noch etwa ein Drittel der Patient:innen zur Nachuntersuchung Methylphenidat erhielt. Die Aufrechterhaltung der Ergebnisse spricht für eine Neuroplastizität verbunden mit Lernprozessen: Patient:innen, die mit Methylphenidat behandelt wurden, profitieren möglicherweise mehr von DBT oder CM. Die Patient:innen selbst evaluierten die DBT in ihrer subjektiven Einschätzung nach 1,5 Jahren effektiver als diejenigen, die CM erhielten (Groß et al., 2019). Einschränkend muss hinzugefügt werden, dass die subjektive Effektivität nur mit einem Item erfasst wurde, um ein globales Urteil zur Effektivität zu erhalten. Diese Methode kann Placeboeffekte nicht ausschließen; auch zeigt sich ein hoher Drop Out der Teilnehmenden.

Ergänzend liegt eine Studie vor (Nasri, Castenfors, Fredlund, Ginsberg, Lindefors & Kaldo, 2020), die Elemente aus dem dargestellten DBT-Programm (Hesslinger et al., 2004) mit dem von Safren (2005) kombiniert. In dieser Studie mit 18 Patient:innen zeigten sich sowohl eine signifikante Reduktion der ADHS-Symptome, die auch bei der Nachuntersuchungen stabil blieb, als auch eine Reduktion depressiver Symptome, von wahrgenommenem Stress, von Emotionsregulationsdefiziten und alltäglichen Beeinträchtigungen (vgl. auch Cole et al., 2016).

Tab. 5.4: Module der Psychotherapie der ADHS im Erwachsenenalter nach Hesslinger, Philipsen & Richter (2004)

Modulthema	Inhalt
Vorstellung, Vereinbarungen, Klärungen	Psychoedukation ADHS (Diagnose, Verlauf, Komorbiditäten, Behandlung)
Neurobiologie, Achtsamkeit I	Neurochemische und neuroanatomische Veränderungen, Einführung von Achtsamkeit
Achtsamkeit II	Achtsamkeit als besondere Form der Aufmerksamkeit, Achtsamkeitsübungen
Chaos und Kontrolle	Zeitmanagement und Planungsstrategien
Verhaltensanalyse I	Einführung in die Verhaltensanalyse
Verhaltensanalyse II	Vertiefung der Verhaltensanalyse
Gefühlsregulation	Psychoedukation Gefühle, Übungen zur Gefühlsregulation
Depression, Medikation bei ADHS	Psychoedukation Depression und Medikation bei ADHS, Wirkung von Stimulanzien
Impulskontrolle	Rückgriff Achtsamkeit, unterschiedliche Ziele bei der Handlungsplanung
Stressmanagement	Überschießende Reaktion auf Stress bei ADHS
Sucht	Psychoedukation Sucht, Abhängigkeit sowie deren Behandlung
Beziehung, Selbstachtung	Auswirkung von ADHS auf Selbstachtung und Beziehung, Kommunikationsregeln
Rückblick und Ausblick	Zielüberprüfung: was erreicht, was nicht; wie geht's nun weiter?

Eine weitere Möglichkeit der Einflussnahme und Regulation kann durch die Betroffenen selbst im Rahmen der Selbsthilfe erfolgen. Wie bereits in Kapitel 4 erwähnt (▶ Kap. 4.2), ist es für die Patient:innen hilfreich, Techniken anzuwenden, um eigene Emotionen wahrzunehmen und diese zu kontrollieren. Hierbei sind neben Meditations-Apps auch Selbstmanagement-Strategien wie beispielsweise der »Grün-Gelb-Rot« Check zu nennen (D'Amelio, Retz, Philipsen & Rösler, 2016). Die Farben stehen jeweils für einen Gefühlzustand auf dem Stimmungsbarometer. »Rot« bedeutet hier, dass die Person kurz davor steht, die Kontrolle zu verlieren. »Gelb« steht für eine gestiegene Anspannung, sodass die Person sich in einem bedenklichen emotionalen Zustand befindet, wohingegen »Grün« bedeutet, dass die Person gelassen ist und es ihr gut geht. Neben der bewussten Wahrnehmung gilt es auch, die zur aktuellen Stimmungslage geeigneten Maßnahmen zu ergreifen: Im Bereich »Grün« muss nichts verändert werden, wobei es bei »Gelb« darum geht, etwas zu tun, damit die innere Anspannung nicht weiter steigt. Bei »Rot« soll sofort gehandelt werden, damit sich die Patient:innen wieder beruhigen können. Zur Anwendung sollen dabei geeignete Aktivitäten oder sozialen Interaktionen kommen, die hilfreich für die Person sind, wie z. B. Sport treiben, regelmäßige Treffen mit Freund:innen oder weitere Maßnahmen, die einen positiven Einfluss auf die Stimmung haben wie ausreichend Schlaf oder regelmäßige Mahlzeiten. Eine zusätzliche Strategie kann auch ein »Positiv-Tagebuch« sein, in dem angenehme sowie bestärkende Erlebnisse des Tages notiert werden können.

Darüber sind Methoden wirkungsvoll, um die Impulsivität der Patient:innen zu reduzieren. Im ersten Schritt analysieren die Personen differenziert, in welchen Situationen die Impulsivität ein Problem für sie darstellt. Im zweiten Schritt sollen sie in diesen Situationen lernen, Zeit zu gewinnen, indem sie tief durchatmen oder sich innerlich »Stopp« sagen. Auch Paraphrasieren des aktuellen Zustandes oder die Imagination eines Vorbildes, welches besonders langsam redet, können hilfreiche Strategien sein, um Zeit zu gewinnen (Barkley, 2017). Aktuell wird in verschiedenen klinischen Studien die Wirksamkeit von Selbsthilfestrategien bei der Behandlung adulter ADHS untersucht (siehe vertiefend dazu Kenter, Lundervold & Nordgreen, 2021 oder Zinnow et al, 2018).

5.3 Zusammenfassung und Ausblick

Zusammenfassend lässt sich feststellen, dass es etablierte und z. T. gut evaluierte Behandlungsstrategien mit großen Effekten zur Behandlung von adulter ADHS gibt (siehe Zusammenfassung bei Kooij et al., 2019). Emotionsregulation wird in allen vorliegenden Manualen dabei nur am Rande thematisiert (Riechmann et al., 2017). Dies ist deshalb erstaunlich, da viele Untersuchungen die Bedeutung von Emotionsregulation bei ADHS sowohl im Kindes- als auch im Erwachsenenalter herausgestellt haben: Vergleiche zwischen Subgruppen von Patient:innen mit ADHS und Emotionsregulationsdefiziten zeigen, dass diese eine geringere Lebensqualität und sozialen Anpassung zeigen im Vergleich zu Patient:innen mit ADHS ohne Emotionsregulationsdefizite (Surman et al., 2013). Emotionale Symptome sind bei Patient:innen mit ADHS mit Arbeitslosigkeit, schlechten Arbeitsleistungen und negativen Beziehungen zu Gleichaltrigen, finanziellen Schwierigkeiten oder auch Führerscheinentzug verbunden. Darüber hinaus zeigen sich für Patient:innen mit ADHS und Emotionsregulationsdefiziten schlechtere psychosoziale Verläufe in einer 20-Jahres-Nachuntersuchung (Stringaris & Goodman, 2009; Stringaris, Maughan & Goodman, 2010). Wichtig ist zudem, dass Emotionsregulation als eigener Faktor zur Psychopathologie von adulter ADHS beiträgt (Bunford et al., 2018, Corbisiero, Stieglitz, Retz & Rösler, 2013).

In der Meta-Analyse von Beheshti und Kolleg:innen (2020) wird die Bedeutung von Emotionsdysregulation und ihren Facetten quantifiziert. Es wurden Mittelwertunterschiede in Emotionsdysregulation als generellem Faktor sowie bei spezifischen Teilaspekten wie z. B. emotionaler Labilität oder negativer emotionaler Antwort untersucht. Zudem wurde der Zusammenhang zwischen ADHS-Symptomschwere und Emotionsdysregulation beleuchtet. Verglichen mit gesunden Kontrollgruppen lässt sich bei Patient:innen mit ADHS ein signifikant größeres Ausmaß an Emotionsdysregulation feststellen. Emotionale Labilität erzielte dabei den größten Effekt. Darüber hinaus wurde ein deutlicher Zusammenhang zwischen der Schwere der ADHS-Symptome und Emotionsdysregulation gefunden: je schwerer die ADHS-Symptomatik ausgeprägt war, desto größer waren auch die Schwierigkeiten der Emotionsregulation. Zusammenfassend ließ sich somit feststellen, dass Emotionsregulationsdefizite als ein Merkmal der Psychopathologie adulter ADHS bestätigt werden konnten. Insbesondere die Facetten emotionale Labilität und negative emotionale Antwort sollten bei therapeutischen Interventionen berücksichtigt werden.

Darüber hinaus lässt sich feststellen, dass Patient:innen mit ADHS und schweren Emotionsregulationsdefiziten unter größeren Beeinträchtigungen leiden (Hirsch, Chavanon & Christiansen, 2019; Shaw et al., 2014). In der Clusteranalyse von Hirsch und Kolleg:innen (2019) wurde ein personenzentrierter Ansatz gewählt, um Patient:innen hinsichtlich vorhandener oder nicht-vorhandener Emotionsregulationsdefizite zu unterteilen. Zwei Cluster zeigten sich: Cluster eins bestand aus 47 % und Cluster zwei aus 53 % Patient:innen. Verglichen mit gesunden Personen wiesen Patient:innen in diesen beiden Clustern signifikant weniger Emotionsregulationskompetenzen auf. In Cluster eins waren die Unterschiede klein bis moderat, wohingegen Patient:innen im zweiten Cluster größere Emotionsregulationsdefizite aufwiesen, was mit stärkeren Beeinträchtigungen hinsichtlich depressiver Verstimmung, negativer Stimmung sowie erhöhtem psychischen Stress einherging. Für dieses Cluster zeigten sich zudem größere Defizite der Patient:innen mit ADHS als für Patient:innen mit einer Majoren Depression oder Anpassungsstörung. In Cluster eins traten dagegen geringere Defizite als in anderen klinischen Stichproben auf. Auch hinsichtlich der ADHS-Diagnose ließen sich in den Clustern Unterschiede feststellen: Während in Cluster zwei vorwiegend Patient:innen mit kombinierten Subtyp (85 %) waren, gab es in Cluster eins auch einen erheblichen Anteil des vorwiegend unaufmerksamen Subtyps (35,6 %). Bezüglich des Geschlechts ließ sich ein kleiner Effekt finden: In Cluster eins waren 67,4 % Männer, in Cluster zwei 54,4 %. Zudem unterschieden sich die Cluster hinsichtlich der Anzahl komorbider Diagnosen: In Cluster zwei gab es eine größere Anzahl an Patient:innen mit zwei komorbiden Diagnosen, was die Symptombelastung dieser Gruppe herausstellt. Es ließen sich in den beiden Clustern jedoch keine Unterschiede hinsichtlich des Alters oder neuropsychologischer Maße finden. Zusammenfassend lässt sich anhand dieser Clusteranalyse festhalten, dass ADHS im Erwachsenenalter eine heterogene Störung ist, die verschiedene Subgruppen aufweist, die aufgrund unterschiedlicher Belastungen eine spezifische Behandlung benötigen.

Für weitere Forschung ist ein Fokus auf Emotionsregulation bei der Behandlung von adulter ADHS wünschenswert. Wichtig ist, dass Patient:innen nicht nur beim Erlernen von Emotionsregulationsstrategien unterstützt werden sollten, sondern auch bereits bei der Evaluation von Situationen und der Auswahl angemessener Regulationsstrategien (vgl. Gross, 2015). Eine Möglichkeit bei der therapeutischen Umsetzung könnte der Einsatz von bereits etablierten und gut evaluierten transdiagnostischen Verfahren darstellen, da Emotionsregulationsdefizite bei weiteren internalisierenden und externalisierenden Störungen von Relevanz sind (Berking & Wuppermann, 2012).

Literaturverzeichnis

Abikoff, H., Gallagher, R., Wells, K.C. et al. (2013). Remediating Organisational Functioning in Children with ADHD: Immediate. and Long-Term Effects from a Randomized Controlled Trial. *Journal of Consulting and Clinical Psychology, 81* (1), 113–128.

Alkahtani, K. D. (2013). Teachers' knowledge and misconceptions of attention deficit/hyperactivity disorder. *Psychology, 4,* 963–969.

Allport, A. (1987). Selection for action: Some behavioral and neurophysiological considerations of attention and action. In H. Heuer & A. F. Sanders (Hrsg.), *Perspectives on perception and action* (S. 395–419). Hillsdale: Erlbaum.

Anderson, D. L., Watt, S. E., Noble, W. & Shanley, D. C. (2012). Knowledge of attention deficit hyperactivity disorder (ADHD) and attitudes toward teaching children with ADHD: The role of teaching experience. *Psychology in the Schools, 49,* 511–525.

Ansorge, U. & Leder, H. (2017). *Wahrnehmung und Aufmerksamkeit.* Wiesbaden: Springer Fachmedien.

Antrop, I., Roeyers, H., Van Oost, P., Buysse, A. (2000). Stimulation seeking and hyperactivity in children with ADHD. Attention Deficit Hyperactivity Disorder. *Journal of Child Psychology and Psychiatry, 41,* 225–231.

APA – American Psychiatric Association (2013). Diagnostic and Statistical Manual of Mental Disorders. 5th edn. Arlington, VA: American Psychiatric Publishing.

Arns, M., Heinrich, H. & Strehl, U. (2014). Evaluation of neurofeedback in ADHD: the long and winding road. *Biological psychology 95,* 108–115. DOI: 10.1016/j.biopsycho.2013.11.013.

Asbrand, J., Lerach, T. & Tuschen-Caffier, B. (2015). Störungsspezifische Erziehungsfaktoren bei Aufmerksamkeits- und Angststörungen im Kindes- und Jugendalter. Ein systematischer Überblick. *Zeitschrift für Klinische Psychologie und Psychotherapie, 44,* (4), 239–253.

Atkinson, M. & Hollis, C. (2010). NICE guideline: attention deficit hyperactivity disorder. *Arch Dis Child Educ Pract Ed; 95*(1): 24–27.

Babinski, D. E. & Waschbusch, D. A. (2016). The interpersonal difficulties of women with ADHD. *ADHD Report, 24* (7), 1–8.

Baddeley, A. D. (2001). Is working memory still working? *American Psychologist, 56*, 849–864.

Baer, N. (2005). *Entwicklung und Evaluation eines Gruppentrainings für Erwachsene mit Aufmerksamkeitsdefizit-/Hyperaktivitätsstörung.* Unveröffentlichte Diplomarbeit, Justus-Liebig-Universität Gießen.

Baer, N. & Kirsch, P. (2010). *Training bei ADS im Erwachsenenalter. TADSE.* Weinheim: Beltz.

Balazs, J. & Kereszteny, A. (2017). Attention-deficit/hyperactivity disorder and suicide: a systematic review. *World Journal of Psychiatry, 7* (1), 44–59. DOI: 10.5498/wjp.v7.i1.44.

Banaschewski, T., Roessner, V., Uebel, H. & Rothenberger, A. (2004). Neurobiologie der Aufmerksamkeitsdefizit-Hyperaktivitätsstörung (ADHS). *Kindheit und Entwicklung: Zeitschrift für Klinische Kinderpsychologie, 13*, 137–147.

Barkley, R. A. (1997). Behavioral Inhibition, Sustained Attention, and Executive Functions: Constructing a Unifying Theory of ADHD. *Psychological Bulletin, 121*, 65–94.

Barkley, R. A. (2009). *Attention deficit order in adults: the latest assessment and treatment strategies.* Sudbury, MA: Jones and Bartlett.

Barkley, R. A. (2011). *Das große ADHS-Handbuch für Eltern* (3. Aufl.). Bern: Huber.

Barkley, R. A. (2017). *Das große Handbuch für Erwachsene mit ADHS.* 2., unveränderte Auflage. Göttingen: Hogrefe.

Beheshti, A., Chavanon, M. & Christiansen, H. (2020). Emotion dysregulation in adults with attention deficit hyperactivity disorder: a meta-analysis. *BMC psychiatry, 20* (1), 120. DOI: 10.1186/s12888-020-2442-7.

Beheshti, A., Chavanon, M.-L., Schneider, S. & Christiansen, H. (2021). ADHD overdiagnosis and the role of patient gender among Iranian psychiatrists. *BMC psychiatry 21*(1), 1-13.

Bekle, B. (2004). Knowledge and attitudes about attention-deficit hyperactivity disorder (ADHD): a comparison between practicing teachers and undergraduate education students. *Jounal of Attention Disorders, 7*, 151–161.

Berking, M. & Wupperman, P. (2012). Emotion regulation and mental health: recent findings, current challenges, and future directions. *Current opinion in psychiatry,y 25* (2), 128–134. DOI: 10.1097/YCO.0b013e3283503669.

Biederman, J., Petty, C. R., Evans, M., Small, J. & Faraone, S. V. (2010). How persistent is ADHD? A controlled 10-year follow-up study of boys with ADHD. *Psychiatry Research, 177* (3), 299–304.

Bowlby, J. (2018). *Bindung als sichere Basis* (4. Aufl.). München: Ernst-Reinhardt-Verlag.

Bruchmüller, K., Margraf, J. & Schneider, S. (2012). Is ADHD diagnosed in accord with diagnostic criteria? Overdiagnosis and influence of client gender on diagnosis. *J Consult Clin Psychol, 80* (1): 128–138.

Bruchmüller, K. & Schneider, S. (2012). Fehldiagnose Aufmerksamkeitsdefizit- und Hyperaktivitätssyndrom? – Empirische Befunde zur Frage der Überdiagnostizierung. *Psychotherapeut, 57*, 77–89.

Bramham, J., Young, S., Bickerdike, A., Spain, D., McCartan, D. & Xenitidis, K. (2009). Evaluation of group cognitive behavioral therapy for adults with ADHD. *J Atten Disord, 12* (5), 434–441. DOI: 10.1177/1087054708314596.

Bunford, N., Evans, S. W. & Langberg, J. M. (2018). Emotion Dysregulation Is Associated With Social Impairment Among Young Adolescents With ADHD. *J Atten Disord, 22* (1), 66–82. DOI: 10.1177/1087054714527793.

Burgess, G. C., Depue, B. E., Ruzic, L., Willcutt, E. G., Du, Y. P. & Banich, M. T. (2010). Attentional Control Activation Relates to Working Memory in Attention-Deficit/Hyperactivity Disorder. *Biological Psychiatry, 67*, 632–640.

Cairncross, M. & Miller, C. J. (2020). The Effectiveness of Mindfulness-Based Therapies for ADHD: A Meta-Analytic Review. *J Atten Disord, 24* (5), 627–643. DOI: 10.1177/1087054715625301.

Cappe, E., Bolduc, M., Rougé, M.-C., Saiag, M.-C. & Delorme, R. (2017). Quality of life, psychological characteristics, and adjustment in parents of children with Attention-Deficit/Hyperactivity Disorder. *Quality of Life Research, 26*, 1283–1294.

Cash, M. & Whittingham, K. (2010). What Facets of Mindfulness Contribute to Psychological Well-being and Depressive, Anxious, and Stress-related Symptomatology? *Mindfulness, 1* (3), 177–182. DOI: 10.1007/s12671-010-0023-4.

Christiansen, H. (2016). Aufmerksamkeitsdefizit-/Hyperaktivitätsstörung über die Lebensspanne. *Verhaltenstherapie, 26* (3), 182–193. DOI: 10.1159/000446337.

Christiansen, H., Chavanon, M., Hirsch, O., Schmidt, M. H., Meyer, C. Müller, A. et al. (2020). Use of machine learning to classify adult ADHD and other conditions based on the Conners' Adult ADHD Rating Scales. *Scientific reports 10* (1), 18871. DOI: 10.1038/s41598-020-75868-y.

Christiansen, H., Hirsch, O., König, A., Steinmayr, R & Roehrle, B. (2015). Prevention of ADHD related problems: a universal preschool program. *Health Education, 115*, 285–300.

Christiansen, H., Reh, V., Schmidt, M. & Rief, W. (2014). Neurofeedback and self-management training in outpatient care for children with ADHD: study protocol of a ran- domized controlled trial. *Frontiers in Human Neuroscience, 8*, 943.

Cole, P., Weibel, S., Nicastro, R., Hasler, R., Dayer, A., Aubry, J.-M. et al. (2016). CBT/DBT skills training for adults with attention deficit hyperactivity disorder (ADHD). *Psychiatria Danubina, 28* (Suppl-1), 103–107.

Conners, C. K. (2009). Conners Early ChildhoodTM. North Tonawanda: Multi-Health Systems.

Corbisiero, S., Stieglitz, R.-D., Retz, W. & Rösler, M. (2013). Is emotional dysregulation part of the psychopathology of ADHD in adults? *ADHD Atten Def Hyp Disord, 5* (2), 83–92. DOI: 10.1007/s12402-012-0097-z.

Cordier, R., Vilaysack, B., Doma, K., Wilkes-Gillan & Speyer, R. (2018). Peer inclusion in interventions for children with ADHD: A systematic review and meta-analysis. *BioMed Research International*, 2018, 1–51.

Cortese, S., Ferrin, M., Brandeis, D., Holtmann, M., Aggensteiner, P., Daley, D. et al. (2016). Neurofeedback for Attention-Deficit/Hyperactivity Disorder: Meta-Analysis of Clinical and Neuropsychological Outcomes From Randomized Controlled Trials. *Journal of the American Academy of Child and Adolescent Psychiatry, 55* (6), 444–455. DOI: 10.1016/j.jaac.2016.03.007.

Dalen, L., Sonuga-Barke, E. J. S., Hall, M. & Remington, B. (2004). Inhibitory deficits, delay aversion and preschool AD/HD: implications for the dual pathway model. *Neural Plasticity, 11*, 1–11.

D'Amelio, R., Retz, W., Philipsen, A. & Rösler, M. (2009). *Psychoedukation und Coaching. ADHS im Erwachsenenalter. Manual zur Leitung von Patienten- und Angehörigengruppen.* München: Elsevier.

D'Amelio, R., Retz, W., Philipsen, A. & Rösler, M. (2016). A*DHS im Erwachsenenalter. Strategien und Hilfen für die Alltagsbewältigung.* Stuttgart: Kohlhammer.

Dalsgaard, S., Mortensen, P. B., Frydberg, M. & Thomsen, P. H. (2014). ADHD, stimulant treatment in childhood and subsequent substance abuse in adulthood – A naturalistic long-term follow-up study. *Addictive Behaviors, 39*, 325–328.

Döpfner, M. & Banaschewski, T. (2013). Aufmerksamkeitsdefizit-/Hyperaktivitätsstörung (ADHS). In F. Petermann (Hrsg.), *Lehrbuch der Klinischen Kinderpsychologie* (S. 271–290). Göttingen: Hogrefe.

Döpfner, M., Banaschewski, T. & Sonuga-Barke, E. J. S. (2008). Aufmerksamkeitsdefizit-/Hyperaktivitätsstörungen (ADHS). In F. Petermann (Hrsg.), *Lehrbuch der Klinischen Kinderpsychologie* (S. 257–276). Göttingen: Hogrefe.

Döpfner, M. & Schürmann, S. (2017). *Wackelpeter & Trotzkopf. Hilfen für Eltern bei ADHS-Symptomen und oppositionellem Verhalten* (5. Aufl.). Weinheim: Beltz-Verlag.

Döpfner, M., Schürmann, S. & Frölich, J. (2019). *Therapieprogramm für Kinder mit hyperkinetischem und oppositionellem Problemverhalten- THOP* (6. Aufl.). Weinheim: Beltz-Verlag.

Domsch, H., Ruhmland, M. & Lißmann, I. (2021). Knowledge and feelings of competence with regard tor ADHD among support staff in all-day primary schools. *Sustainability, 13*, 3696. https://doi.org/10.3390/su13073696.

Dort, M., Strelow, A. E., Schwinger, M. & Christiansen, H. (2020a). What teachers think and know about ADHD: Validation of the ADHD-school-expectation questionnaire (ASE). *International Journal of Disability, Development and Education*, DOI: 10.1080/1034912X.2020.1843142.

Dort, M., Strelow, A.-E., Schwinger, M. & Christiansen, H. (2020b). Working with Children with ADHD – A Latent Profile Analysis of Teachers' and Psychotherapists' Attitudes. *ADHD and Related Problems in the Classroom: Perspectives for Sustainability, 12* (22), 9691.

Dresbach, E. & Döpfner, M. (2020). *Gleichaltrigenprobleme im Jugendalter: SELBST – Therapieprogramm für Jugendliche mit Selbstwert-, Leistungs- und Beziehungsstörungen, Band 3.* Göttingen: Hogrefe.

Durlak, J. A., Weissberg, R. P., Dymnicki, A., Taylor, R. D. & Schellinger, K. B. (2011). The impact of enhancing students' social and emotional learning: A meta-analysis of school-based universal interventions. *Child Development*, 82, 405–43.

Elder, T. E. (2010). The importance of relative standards in ADHD diagnoses: Evidence based on exact birth dates. *Journal of Health Economics*, 29 (5), 641–656.

Ellis, A. & Whiteley, J.M. (Hrsg.) (1979). *Theoretical and empirical foundations of rational-emotive therapy.* Monterey, CA: Brooks/Cole.

Enriquez-Geppert, S., Huster, R. J. & Herrmann, C. S. (2017). EEG-Neurofeedback as a Tool to Modulate Cognition and Behavior: A Review Tutorial. *Frontiers in human neuroscience*, 11, 51. DOI: 10.3389/fnhum.2017.00051.

Enriquez-Geppert, S., Smit, D., Pimenta, M. G. & Arns, M. (2019). Neurofeedback as a Treatment Intervention in ADHD: Current Evidence and Practice. *Current psychiatry reports*, 21 (6), 46. DOI: 10.1007/s11920-019-1021-4.

Eme, R. F. (1992). Selective females affliction in the developmental disorders of childhood: a literature review. Journal of Clinical Child Psychology, 21 (4), 354–364. DOI: 10.1207/s15374424jccp2104_5.

Emilsson, B., Gudjonsson, G., Sigurdsson, J. F., Baldursson, G., Einarsson, E. Olafsdottir, H. & Young, S. (2011). Cognitive behaviour therapy in medication-treated adults with ADHD and persistent symptoms: a randomized controlled trial. *BMC psychiatry*, 11, 116. DOI: 10.1186/1471-244X-11-116.

Emser, T. S. & Christiansen, H. (2021). Perceived social support in children and adolescents with ADHD. *Research in Developmental Disabilities*, 111.

Evans, S. W., Owens, J. S., Wymbs, B. T. & Ray, A. R. (2018). Evidence-based psychosocial treatments for children and adolescents with attention deficit/hyperactivity disorder. *Journal of Clinical Child & Adolescent Psychology*, 47 (2), 157–198.

Evans, W. N., Morrill, M. S. & Parente, S. T. (2010). Measuring inappropriate medical diagnosis and treatment in survey data: The case of ADHD among school-age children. *J Health Econ*, 29 (5). 657–673.

Evertson, C. M. (2019). *Classroom Organization and Management Program Secondary Level Workshop Manual.* Nashville: Vanderbilt.

Faraone, S. V., Perlis, R. H., Doyle, A. E., Smoller, J. W., Goralnick, J. J., Holmgren, M. A. & Sklar, P. (2005). Molecular genetics of attention-deficit/hyperactivity disorder. *Biological Psychiatry*, 57, 1313–1323.

Fischer, L., Brettschneider, A., Kölch, M., Fegert, J. M. & Spröber, N. (2014). Individuelle Therapiezielerreichung nach Gruppentherapie »SAVE«: Maß zur Überprüfung des Behandlungserfolgs bei Jugendlichen mit ADHS. *Psychotherapeut*, 59, 31–37. DOI: 10.1007/s00278-013-1025-1.

Fleming, A. P., McMahon, R. J., Moran, L. R., Peterson, A. P. & Dreessen, A. (2015). Pilot randomized controlled trial of dialectical behavior therapy group skills training for ADHD among college students. *J Atten Disord*, 19 (3), 260–271. DOI: 10.1177/1087054714535951.

Fuller-Thomson E. & Lewis D. A. (2014). The relationship between early adversities and attention-deficit/hyperactivity disorder. Child Abuse & Negect, 47, 94–101. DOI: 10.1016/j.chiabu.2015.03.005.

Fricke-Oerkermann, L., Frölich, J., Lehmkuhl, G. & Wiater, A. (2006). *Ratgeber Schlafstörungen: Informationen für Betroffene, Eltern, Lehrer und Erzieher.* Göttingen: Hogrefe.

Gaastra, G. F., Groen, Y., Tucha, Y. & Tuchea, O. (2016). The effects of classroom interventions on off-task-behavior in children with symptoms of Attention-Deficit/Hyperactivity Disorder: A meta-analytic review. *PLoS ONE, 11,* e0148841.

Gawrilow, C., Guderjahn, L. & Gold, A. (2018). *Störungsfreier Unterricht trotz ADHS: Mit Schülern Selbstregulation trainieren – ein Lehrermanual.* München: Verlag Ernst Reinhardt.

Gawrilow, C., Schmitt, K. & Rauch, W. (2011). Kognitive Kontrolle und Selbstregulation bei Kindern mit ADHS. *Kindheit und Entwicklung, 20* (1), 41–48.

Geissler, J., Vloet, T. D., Romanos, M., Zwanzger, U. & Jans, T. (2019). *Verhaltenstherapie bei ADHS im Jugendalter: Ein modular aufgebautes Therapieprogramm.* Göttingen: Hogrefe.

Gloger-Tippelt, G., König, L., Zweyer, K. & Lahl, O. (2007). Bindung und Problemverhalten bei fünf und sechs Jahre alten Kindern. *Kindheit und Entwicklung, 16* (4), 209–219.

Gollwitzer, P. M. & Sheeran, P. (2006). Implementation intentions and goal achievement: A meta-analysis of effects and processes. *Advances of Experimental Social Psychology, 38,* 69–119.

Graham, J., Banaschewski, T., Buitelaar, J., Coghill, D., Danckaerts, M., Dittmann, R.W., Döpfner, M., Hamilton, R., Hollis, C., Holtmann, M., Hulpke-Wette, M., Lecendreux, M., Rosenthal, E., Rothenberger, A., Santosh, P., Sergeant, J., Simonoff, E., Sonuga-Barke, E., Wong, I. C., Zuddas, A., Steinhausen, H. C., Taylor, E. & European Guidelines Group (2011). European guidelines on managing adverse effects of medication for ADHD. *European Child and Adolescent Psychiatry, 20* (1), 17–37.

Griesinger, W. (1861). *Pathologie und Therapie der psychischen Krankheiten.* Stuttgart: Verlag von Adolph Krabbe.

Gross, J. J. (2015). Emotion Regulation: Current Status and Future Prospects. *Psychological Inquiry, 26* (1), 1–26. DOI: 10.1080/1047840X.2014.940781.

Groß, V., Lücke, C., Graf, E., Lam, A. P., Matthies, S., Borel, P. et al. (2019). Effectiveness of Psychotherapy in Adult ADHD: What Do Patients Think? Results of the COMPAS Study. *J Atten Disord 23* (9), 1047–1058. DOI: 10.1177/1087054717720718.

Gurevitz, M., Geva, R., Varon, M. & Leitner, Y. (2014). Early markers in infants and toddlers for development of ADHD. *Journal of Attention Disorders, 18* (1), 14–22.

Haible-Baer, N. (2013). *Behandlung der adulten Aufmerksamkeitsdefizit-/Hyperaktivitätsstörung: Wirkung der Einzel- und Kombinationsbehandlung mit einem verhaltenstherapeutischen Gruppentraining und Atomoxetin.* Inauguraldissertation zur

Erlangung des Grades eines Doktors der Humanbiologie des Fachbereichs Medizin der Justus-Liebig-Universität Gießen.

Halmøy, A., Fasmer, O. B., Gillberg, C. & Haavik, J. (2009). Occupational Outcome in Adult ADHD: Impact of Symptom Profile, Comorbid Psychiatric Problems, and Treatment. *J Atten Disord 13* (2), 175–187. DOI: 10.1177/1087054708329777.

Halperin, J. M., Bédard, A. C.-V. & Churchack-Lichtin, J. T. (2012). Preventive interventions for ADHD: a neurodevelopmental perspective. Neurotherapeutics, 9, 531–541.

Hasson, R. & Fine, J.G. (2012). Gender differences among children with ADHD on continuous performance tests: a meta-analytic review. *J Attent Disord, 16* (3), 190–198.

Hennig, T., Jaya, E. S. & Lincoln, T. M. (2017). Bullying mediates between attention-deficit/hyperactivity disorder in childhood and psychotic experiences in early adolescence. *Schizophrenia Bulletin, 43* (5), 1036–1044. DOI: 10.1093/schbul/sbw139.

Hennig, T., Krkovic, K. & Lincoln T. M. (2017). What predicts inattention in adolescents? An experience-sampling study comparing chronotype, subjective, and objective sleep parameters. Sleep Medicine, 38, 58–63. DOI: 10.1016/j.sleep.2017.07.009.

Hennig. T., Reininger, K. M., Schütt, M.-L., Doll, J. & Ricken, G. (2021). Zusammenhänge von Annahmen über ADHS mit günstigen und ungünstigen Erwartungen: Eine explorative Studie mit angehenden sonderpädagogischen Lehrkräften. *Emprische Sonderpädagogik, 13* (3), 238–266.

Hennig, T., Schramm, S. A. & Linderkamp, F. (2018). Cross-informant disagreement on behavioral symptoms in adolescent attention-deficit/hyperactivity disorder and its impact on treatment effects. *European Journal of Psychological Assessment, 34* (2), 79–86. DOI: 10.1027/1015-5759/a000446.

Hennig, T., Schramm, S. A., Linderkamp, F. & Koglin, U. (2016). Mediation and moderation of outcome in a training intervention for adolescents with attention-deficit/hyperactivity disorder. *Journal of Cognitive Education and Psychology, 15* (3), 412–427.

Herr, L., Mingebach, T., Becker, K., Christiansen, H. & Kamp-Becker, I. (2015). Wirksamkeit elternzentrierter Interventionen bei Kindern im Alter von zwei bis zwölf Jahren. *Kindheit und Entwicklung, 24* (1), 6–19.

Hesslinger, B., Philipsen, A. & Richter, H. (2004). *Psychotherapie der ADHS im Erwachsenenalter.* Ein Arbeitsbuch. Göttingen: Hogrefe.

Hirsch, O., Chavanon, M. L. & Christiansen, H. (2019). Emotional dysregulation subgroups in patients with adult Attention-Deficit/Hyperactivity Disorder (ADHD): a cluster analytic approach. *Scientific reports, 9* (1), 5639. DOI: 10.1038/s41598-019-42018-y.

Hirsch, O. & Christiansen, H. (2015). Faking ADHD? Symptom Validity Testing and Its Relation to Self-Reported, Observer-Reported Symptoms, and Neuropsychological Measures of Attention in Adults With ADHD. *J Atten Disord, 22* (3), 269–280. DOI: 10.1177/1087054715596577.

Hirvikoski, T., Lindström, T., Carlsson, J., Waaler, E., Jokinen, J. & Bölte, S. (2017). Psychoeducational groups for adults with ADHD and their significant others (PEGASUS): A pragmatic multicenter and randomized controlled trial. *European psychiatry: the journal of the Association of European Psychiatrists, 44*, 141–152. DOI: 10.1016/j.eurpsy.2017.04.005.

Hirvikoski, T., Waaler, E., Alfredsson, J., Pihlgren, C., Holmström, A., Johnson, A. et al. (2011). Reduced ADHD symptoms in adults with ADHD after structured skills training group: results from a randomized controlled trial. *Behaviour research and therapy, 49* (3), 175–185. DOI: 10.1016/j.brat.2011.01.001.

Hiscock, H., Sciberras, E., Mensah, F., Gerner, B., Efron, D., Khano, S. & Oberklaid, F. (2015). Impact of a behavioural sleep intervention on symptoms and sleep in children with attention deficit hyperactivity disorder, and parental mental health: randomised controlled trial. *BMJ, 20*, 350. DOI: 10.1136/bmj.h68.

Hoberg, K. (2018). *Schulratgeber ADHS: Ein Leitfaden für LehrerInnen*. München: Verlag Ernst Reinhardt.

Hoxhaj, E., Sadohara, C., Borel, P., D'Amelio, R., Sobanski, E., Müller, H. et al. (2018). Mindfulness vs psychoeducation in adult ADHD: a randomized controlled trial. *European archives of psychiatry and clinical neuroscience, 268* (4), 321–335. DOI: 10.1007/s00406-018-0868-4.

Hoza, B. (2007). Peer functioning in children with ADHD. *Academic Pediatrics, 7* (1), 101–106.

Huss, M., Hölling, H., Kurth, B.-M. & Schlack, R. (2008). How often are German children and adolescents diagnosed with ADHD? Prevalence based on the judgment of health care professionals: results of the German health and examination survey (KiGGS). *European Child & Adolescent Psychiatry, 17*(1), 52–58.

Jacobs, C. & Petermann, F. (2013). *Training für Kinder mit Aufmerksamkeitsstörungen. Das neuropsychologische Gruppenprogramm ATTENTIONER* (3. Aufl.). Göttingen: Hogrefe.

Jensen, C. M., Amdisen, B. L., Jørgensen, K. J. & Arnfred, S. M. H. (2016). Cognitive behavioural therapy for ADHD in adults: systematic review and meta-analyses. *ADHD Atten Def Hyp Disord, 8* (1), 3–11. DOI: 10.1007/s12402-016-0188-3.

Kan, K. J., Dolan, C. V., Nivard, M.G., Middeldorp, C. M., van Beijsterveldt C. E. M., Willemsen, G. & Boomsma, D. I. (2013). Genetic and environmental stability in attention problems across the lifespan: evidence from the Netherlands twin register. *J Am Acad Child Adolesc Psychiatry, 52*(1), 12–25.

Kain, W., Landerl, K. & Kaufmann, L. (2008). Komorbidität bei ADHS. *Monatsschrift Kinderheilkunde, 156*, 757–767.

Kenter, R. M. F., Lundervold, A. J. & Nordgreen, T. (2021). A self-guided Internet-delivered intervention for adults with ADHD: a protocol for a randomized controlled trial. *Internet Interventions, 26*. DOI: 10.1016/j.invent.2021.100485.

Khoury, B., Lecomte, T., Fortin, G., Masse, M., Therien, P., Bouchard, V. et al. (2013). Mindfulness-based therapy: a comprehensive meta-analysis. *Clinical psychology review, 33* (6), 763–771. DOI: 10.1016/j.cpr.2013.05.005.

Konrad, K. (2007). Entwicklung von Exekutivfunktionen und Arbeitsgedächtnisleistungen. In L. Kaufmann, H.-C. Nuerk, K. Konrad & K. Willmes (Hrsg.), Kognitive Entwicklungsneuropsychologie (S. 300–320). Göttingen: Hogrefe.

Kooij, S. J. J., Bijlenga, D., Salerno, L., Jaeschke, R., Bitter, I., Balázs, J. et al. (2019). Updated European Consensus Statement on diagnosis and treatment of adult ADHD. *European psychiatry: the journal of the Association of European Psychiatrists, 56*, 14–34. DOI: 10.1016/j.eurpsy.2018.11.001.

Kooij, S. J. J., Bejerot, S., Blackwell, A., Caci, H., Casas-Brugué, M., Carpentier, P. J. et al. (2010). European consensus statement on diagnosis and treatment of adult ADHD: The European Network Adult ADHD. *BMC psychiatry, 10*, 67. DOI: 10.1186/1471-244X-10-67.

Krowatschek, D., Krowatschek, G. & Wingert, G. (2007). *Marburger Konzentrationstraining für Jugendliche (MKT-J)*. Dortmund: Verlag für Modernes Leben.

Krowatschek, D., Albrecht, S. & Krowatschek, G. (2019). *Marburger Konzentrationstraining für Kindergarten, Vorschule und Eingangsstufe* (5. Aufl.). Dortmund: Verlag für Modernes Leben.

Kultusministerkonferenz (Sekretariat der Ständigen Konferenz der Kultusminister der Länder in der Bundesrepublik Deutschland, Hrsg.) (2015). *Allgemeinbildende Schulen in Ganztagsform in den Ländern in der Bundesrepublik Deutschland. Statistik 2009 bis 2013*. Verfügbar unter: http://www.kmk.org/statistik/schule/statistische-veroeffentlichungen/allgemeinbildende-schulen-in-ganztagsform.html.

Kuschel, A., Ständer, D., Bertram, H., Heinrichs, N., Naumann, S. & Hahlweg, K. (2006). Prävalenz hyperkinetischer Symptome und Störungen im Vorschulalter – ein Vergleich zweier Diagnoseinstrumente. *Zeitschrift für Kinder- und Jugendpsychiatrie und Psychotherapie, 34*, 275–286.

Lam, A. P., Matthies, S., Graf, E., Colla, M., Jacob, C., Sobanski, E. et al. (2019). Long-term Effects of Multimodal Treatment on Adult Attention-Deficit/Hyperactivity Disorder Symptoms: Follow-up Analysis of the COMPAS Trial. *JAMA network open, 2* (5), e194980. DOI: 10.1001/jamanetworkopen.2019.4980.

Langberg, J. M., Dvorsky, M. R., Molitor, S. J. et al. (2016). Longitudinal evaluation of the importance of homework assignment completion for the academic performance of middle school students with ADHD. *Journal of School Psychology,55*, 27–38.

Langberg, J. M., Epstein, J. N., Girio-Herrera, E., Becker, S. P., Vaughn, A. J. & Altaye, M. (2011). Materials organisation, planning, and Homework completition in middle-school students with ADHD: Impact on Academic Performance. *School Mental Health, 3*, S. 93–101.

Lauth, G. W. & Minsel, W. R. (2009). *ADHS bei Erwachsenen Diagnostik und Behandlung von Aufmerksamkeits-/Hyperaktivitätsstörungen*. Göttingen.

Lauth, G. W. & Schlottke, P. F. (2019). *Training mit aufmerksamkeitsgestörten Kindern* (7. Aufl.). Weinheim: Beltz.

Lauth, G. W. (2014). *ADHS in der Schule. Übungsprogramm für Lehrer*. Weinheim: Beltz.

Lauth, G. W., Breuer, J. & Minsel, W.-R. (2010). Goal Attainment Scaling in der Ermittlung der Behandlungs- wirksamkeit bei der behavioralen Therapie von Erwachsenen mit ADHS. *Zeitschrift für Psychiatrie, Psychologie und Psychotherapie, 58* (1), 45–53. DOI: 10.1024/1661-4747.a000005.

Lauth, G. W., Minsel, W.-R. & Koch, M. (2015). Responder und Nonresponder in einer ADHS-Therapie von Erwachsenen. *Zeitschrift für Psychiatrie, Psychologie und Psychotherapie, 63* (1), 39–46. DOI: 10.1024/1661-4747/a000218.

Lebowitz, M. S. (2016). Stigmatization of ADHD: a developmental review. *Journal of Attention Disorders, 20* (3), 199–205: DOI: 10.1177/1087054712475211.

Linderkamp, F., Hennig, T. & Schramm, S. A. (2011). *ADHS bei Jugendlichen. Das Lerntraining LeJA*. Weinheim: Beltz PVU.

Linehan, M. (1996). *Trainingsmanual zur Dialektisch Behavioralen Therapie der Borderline-Persönlichkeitsstörung*. München: CIP-Medien.

Lofthouse, N., Arnold, L. E., Hersch, S., Hurt, E. & DeBeus, R. (2012). A review of neurofeedback treatment for pediatric ADHD. *Journal of Attention Disorders, 16* (5), 351–372.

Lopez, P. L., Torrente, F. M., Ciapponi, A., Lischinsky, A. G., Cetkovich-Bakmas, M., Rojas, J. I. et al. (2018). Cognitive-behavioural interventions for attention deficit hyperactivity disorder (ADHD) in adults. *The Cochrane database of systematic reviews, 3*, CD010840. DOI: 10.1002/14651858.CD010840.pub2.

Lunsford-Avery, J. R., Krystal, A. D. & Kollins, S. H. (2016). Sleep disturbances in adolescents with ADHD: A systematic review and framework for future research. Clinical Psychology Review, *50*, 159–174, DOI: 10.1016/j.cpr.2016.10.004.

Matthies, S. D. & Philipsen, A. (2014). Common ground in Attention Deficit Hyperactivity Disorder (ADHD) and Borderline Personality Disorder (BPD)-review of recent findings. *Borderline personality disorder and emotion dysregulation, 1*, 3. DOI: 10.1186/2051-6673-1-3.

Meichenbaum, D. H. & Goodman, J. (1971). Training impulsive children to talk to themselves: a means of developing self-control. *Journal of abnormal psychology, 77* (2), 115–126. DOI: 10.1037/h0030773.

Merrill, B. M., Morrow, A. S., Altszuler, A. R., Macphee, F. L., Gnagy, E. M., Greiner, A. R., Coles, E. K., Raiker, J. S., Coxe, S. & Pelham, W. E. (2017). Improving homework performance among children with ADHD: A randomized clinical trial. *Journal of Consulting and Clinical Psychology, 85* (2), 111–122.

Mingebach, T., Kamp-Becker, I., Christiansen, H. & Weber, L. (2018). Meta-meta-analysis on the effectiveness of parent-based interventions for the treatment of child externalizing behavior problems. *Plos One, 13* (9), e0202855.

Miyake, A., Friedman, N. P., Emerson, M. J., Witzki, A. H., Howerter, A. & Wager, T. D. (2000). The Unity and Diversity of Executive Functions and their

Contributions to Complex Frontal Lobe Tasks: A Latent Variable Analysis. *Cognitive Psychology, 41*, 49–100.

Mischel, W. (2015). *Der Marshmallow-Test: Willensstärke, Belohnungsaufschub und die Entwicklung der Persönlichkeit.* München: Siedler Verlag.

Molina B. S. G., Hinshaw S. P., Swanson J. M., Arnold L. E., Vitiello B., Jensen P. S. et al. (2009). The MTA at 8 years: prospective follow-up of children treated for combined-type ADHD in a multisite study. *Journal of the American Academy of Child and Adolescent Psychiatry, 48*, 484–500.

Molina B. S. G., Hinshaw S. P., Arnold L. E., Swanson J. M., Pelham, W. E., Hechtman, L. et al. (2013). Adolescent substance use in the multimodal treatment study of Attention-/Deficit-Hyperactivity Disorder (ADHD) (MTA) as a function of childhood ADHD, random assignment to childhood treatments, and subsequent medication. *Journal of the Academy of Child & Adolescent Psychiatry, 52*, 250–263.

Morrow, R. L., Garland, E. J., Wright, J. M., Maclure, M., Taylor, S. & Dormuth, C. R. (2012). Influence of relative age on diagnosis and treatment of attention-deficit/hyperactivity disorder in children. *Canadian Medical Association Journal, 184*, 755–762.

Mrug, S., Molina, B. S. G., Hoza, B., Gerdes, A. C., Hinshaw, S. P., Hechtman, L. & Arnold, L. E. (2012). Peer rejection and friendships in children with attention-deficit/hyperactivity disorder: contributions to long-term outcomes. *Journal of Abnormal Child Psychology, 40*, 1013–1026.

Nasri, B., Castenfors, M., Fredlund, P., Ginsberg, Y., Lindefors, N. & Kaldo, V. (2020). Group Treatment for Adults With ADHD Based on a Novel Combination of Cognitive and Dialectical Behavior Interventions: A Feasibility Study. *J Atten Disord, 24* (6), 904–917. DOI: 10.1177/1087054717690231.

Newark, P. E., Elsässer, M. & Stieglitz, R.-D. (2016). Self-Esteem, Self-Efficacy, and Resources in Adults With ADHD. *J Atten Disord, 20* (3), 279–290. DOI: 10.1177/1087054712459561.

Newark, P. E. & Stieglitz, R.-D. (2010). Therapy-relevant factors in adult ADHD from a cognitive behavioural perspective. *ADHD Atten Def Hyp Disord, 2* (2), 59–72. DOI: 10.1007/s12402-010-0023-1.

Nigg, J. T. (2006). *What causes ADHD? Understanding what goes wrong and why.* New York: The Guilford Press.

Overgaard, K.R., Aase, H., Torgersen, S., Reichborn-Kjennerud, T., Oerbeck, B., Myhre, A. & Zeiner, P. (2014). Continuity in features of anxiety and attention deficit/hyperactivity disorder in young preschool children. *European Child & Adolescent Psychiatry, 23*, 743–752.

Panos, P. T., Jackson, J. W., Hasan, O. & Panos, A. (2014). Meta-Analysis and Systematic Review Assessing the Efficacy of Dialectical Behavior Therapy (DBT). *Research on social work practice, 24* (2), 213–223. DOI: 10.1177/1049731513503047.

Paris, J. (2018). Differential Diagnosis of Borderline Personality Disorder. *The Psychiatric clinics of North America, 41* (4), 575–582. DOI: 10.1016/j.psc.2018.07.001.

Petermann, F. (2013). *Lehrbuch der Klinischen Kinderpsychologie* (7. Aufl.). Göttingen: Hogrefe.

Philipsen, A. (2006). Differential diagnosis and comorbidity of attention-deficit/hyperactivity disorder (ADHD) and borderline personality disorder (BPD) in adults. *European archives of psychiatry and clinical neuroscience, 256 Suppl 1*, i42-6. DOI: 10.1007/s00406-006-1006-2.

Philipsen, A. (2012). Psychotherapy in adult attention deficit hyperactivity disorder: implications for treatment and research. *Expert review of neurotherapeutics*, 12 (10), 1217–1225. DOI: 10.1586/ern.12.91.

Philipsen, A., Graf, E., van Tebartz Elst, L., Jans, T., Warnke, A., Hesslinger, B. et al. (2010). Evaluation of the efficacy and effectiveness of a structured disorder tailored psychotherapy in ADHD in adults: study protocol of a randomized controlled multicentre trial. *ADHD Atten Def Hyp Disord, 2* (4), 203–212. DOI: 10.1007/s12402-010-0046-7.

Philipsen, A., Jans, T., Graf, E., Matthies, S., Borel, P., Colla, M. et al. (2015). Effects of Group Psychotherapy, Individual Counseling, Methylphenidate, and Placebo in the Treatment of Adult Attention-Deficit/Hyperactivity Disorder: A Randomized Clinical Trial. *JAMA psychiatry, 72* (12), 1199–1210. DOI: 10.1001/jamapsychiatry.2015.2146.

Philipsen, A. & Rosen, H. (2020). Psychotherapie der ADHS im Erwachsenenalter. *PSYCH up2date, 14* (02), 171–186. DOI: 10.1055/a-0995-8420.

Plück, J., Wieczorrek, E., Metternich, T. & Döpfner, M. (2006). *Präventionsprogramm für expansives Problemverhalten (PEP). Ein Manual für Eltern- und Erziehergruppen.* Göttingen: Hogrefe.

Rabiner, D.L., Murray, D.W., Rosen, L., Hardy, K., Skinner, A. & Underwood, M. (2010). Instability in teacher ratings of children's inattentive symptoms: implications for the assessment of ADHD. *J Dev Behav Pediatrics, 31* (3). 175–180.

Ramos, A. A., Hamdan, A. C. & Machado, L. (2020). A meta-analysis on verbal memory in children and adolescents with ADHD. *The Clinical Neuropsychologist, 34* (5), 873–898.

Ramsay, J. R. (2010). CBT for Adult ADHD: Adaptations and Hypothesized Mechanisms of Change. *J Cogn Psychother, 24* (1), 37–45. DOI: 10.1891/0889-8391.24.1.37.

Ramsay, J. R. & Rostain, A. L. (2005). Adapting Psychotherapy to Meet the Needs of Adults With Attention-Deficit/Hyperactivity Disorder. *Psychotherapy: Theory, Research, Practice, Training, 42* (1), 72–84. DOI: 10.1037/0033-3204.42.1.72.

Ramsay, J. R. & Rostain, A.L. (2015). *Cognitive-Bevioral Therapy for adult ADHD. An Integrative Psychosocial and medical approach.* Second Edition. New York: Routledge.

Reinecker, H. (2014). Selbstregulation. In M. A. Wirtz (Hrsg.), *Dorsch – Lexikon der Psychologie* (18. Aufl., S. 1401). Bern: Hogrefe.

Reveland, D. & Bastian, J. (2012). *Tricky Teens: Ressourcenorientiertes Gruppentraining für Jugendliche mit ADHS.* Dortmund: verlag modernes Leben/Borgmann.

Riechmann, E., Sattler, F. A., Christiansen, H. & Chavanon, M-L. (2017). Emotionsregulation. *Lernen und Lernstörungen, 6* (3), 145–155. DOI: 10.1024/2235-0977/a000178.

Rief, W. (2017). Neurofeedback in adults with attention-deficit hyperactivity disorder. *The Lancet Psychiatry, 4* (9), 650–651. DOI: 10.1016/S2215-0366(17)30314-0.

Rostain, A. L. & Ramsay, J. R. (2006). A combined treatment approach for adults with ADHD–results of an open study of 43 patients. *J Atten Disord, 10* (2), 150–159. DOI: 10.1177/1087054706288110.

Rüfenacht, E., Euler, S., Prada, P., Nicastro, R., Dieben, K., Hasler, R. et al. (2019). Emotion dysregulation in adults suffering from attention deficit hyperactivity disorder (ADHD), a comparison with borderline personality disorder (BPD). *Borderline personality disorder and emotion dysregulation, 6*, 11. DOI: 10.1186/s40479-019-0108-1.

Ruhmland, M. & Christiansen, H. (2017). Konzepte zu Grundlagen von ADHS und Interventionen im Unterricht bei Grundschullehrkräften. *Psychologie in Erziehung und Unterricht, 2*, 109–120.

Sáenz, A. A., Villemonteix, T. & Massat, I. (2018). Structural and functional neuroimaging in attention-deficit/hyperactivity disorder. *Developmental Medicine & Child Neurology, 61* (4), 399–405. DOI: 10.1111/dmcn.14050.

Safren, S. A. (2005). *Mastering your adult ADHD: A cognitive-behavioral treatment program therapist guide*. Vol. 2. Oxford, UK: Oxford university press.

Safren, S. A., Perlman, C. A., Sprich, S. & Otto, M. W. (2009). *Kognitive Verhaltenstherapie der ADHS des Erwachsenenalters*. Deutsche Bearbeitung von E. Sobanski, M. Schumacher-Stien und B. Alm. Berlin: Medizinisch Wissenschaftliche Verlagsgesellschaft.

Safren, S. A., Otto, M. W., Sprich, S., Winett, C. L., Wilens, T. E. & Biederman, J. (2005). Cognitive-behavioral therapy for ADHD in medication-treated adults with continued symptoms. *Behaviour research and therapy, 43* (7), 831–842. DOI: 10.1016/j.brat.2004.07.001.

Safren, S.A., Sprich, S., Mimiaga, M. J., Surman, C. Knouse, L., Groves, M. & Otto, M. W. (2010). Cognitive behavioral therapy vs relaxation with educational support for medication-treated adults with ADHD and persistent symptoms: a randomized controlled trial. *JAMA, 304* (8), 875–880. DOI: 10.1001/jama.2010.1192.

Sayal, K., Owen, V., White, K., Merrell, C., Tymms, P. & Taylor, E. (2010). Impact of early school-based screening and intervention programs for ADHD on children's outcomes and access to services: follow-up of a school-based trial at age 10 years. *Archives of Pediatrics and Adolescent Medicine, 164*, 462–469.

Schelling, P. & Gaibler, T. (2012). Aufklärungspflicht und Einwilligungsfähigkeit: Regeln für diffizile Konstellationen. *Deutsches Ärzteblatt, 109* (10), A 476–478.

Schlarb, A. A. (2015). *JuSt Therapeutenmanual: Das Training für Jugendliche ab 11 Jahren mit Schlafstörungen*. Stuttgart: Kohlhammer.

Schmiedeler, S. (2013). Wissen und Fehlannahmen von deutschen Lehrkräften über die Aufmerksamkeitsdefizit-/Hyperaktivitätsstörung (ADHS). *Psychologie in Erziehung und Unterricht, 2*, 143–153.

Schoenberg, P. L. A., Hepark, S., Kan, C. C., Barendregt, H. P., Buitelaar, J. K. & Speckens, A. E. M. (2014). Effects of mindfulness-based cognitive therapy on neurophysiological correlates of performance monitoring in adult attention-deficit/hyperactivity disorder. *Clinical neurophysiology: official journal of the International Federation of Clinical Neurophysiology, 125* (7), 1407–1416. DOI: 10.1016/j.clinph.2013.11.031.

Schönenberg, M., Wiedemann, E., Schneidt, A., Scheeff, J., Logemann, A., Keune, P. M. & Hautzinger, M. (2017). Neurofeedback, sham neurofeedback, and cognitive-behavioural group therapy in adults with attention-deficit hyperactivity disorder: a triple-blind, randomised, controlled trial. *The Lancet Psychiatry, 4* (9), 673–684. DOI: 10.1016/S2215-0366(17)30291-2.

Schoenfelder, E. N. & Kollins, S. H. (2016). Topical Review: ADHD and health-risk behaviors: toward prevention and health promotion. *Journal of Pediatric Psychology, 41* (7), 735–740. DOI: 10.1093/jpepsy/jsv162.

Schramm. S. A., Hennig, T. & Linderkamp, F. (2016). Training problem-solving- and organizational skills in adolescents with ADHD: a randomized controlled trial. *Journal of Cognitive Education and Psychology, 15* (3), 391–411.

Sciutto, M. J., Terjesen, M. D. & Bender Frank, A. S. (2000). Teachers' knowledge and misperceptions of attention-deficit/hyperactivity disorder. *Psychology in the Schools, 37*, 115–122.

Seidler, E. (2004). Zappelphilipp und ADHS: Von der Unart zur Krankheit. *Deutsches Ärzteblatt, 101* (5), 239–243.

Shaw, P., Eckstrand, K., Sharp, W., Blumenthal, J., Lerch, J. P., Greenstein, D. et al. (2007). Attention-deficit/hyperactivity disorder is characterized by a delay in cortical maturation. *Proceedings of the National Academy of Sciences of the United States of America, 104* (49), 19649–19654. DOI: 10.1073/pnas.0707741104.

Shaw, P., Stringaris, A., Nigg, J. & Leibenluft, E. (2014). Emotion dysregulation in attention deficit hyperactivity disorder. *AJP, 171* (3), 276–293. DOI: 10.1176/appi.ajp.2013.13070966.

Sherman, J., Rasmussen, C. & Baydala, L. (2008). The impact of teacher factors on achievement on behavioural outcomes of children with Attention-/Deficit-Hyperactivity Disorder (ADHD): A review of the literature. *Educational Research, 50*, 347–360.

Sibley, M. H., Arnold, L. E., Swanson, J. M., Hechtman, L. T., Kennedy, T. M., Owens, E. et al. (2021). Variable patterns of remission from ADHD in the Multimodal Treatment Study of ADHD. American Journal of Psychiatry. *DOI:* appi.ajp.2021.21010032.

Smalley, S. L., Loo, S. K., Hale, T. S., Shrestha, A., McGough, J., Flook, L. & Reise, S. (2009). Mindfulness and attention deficit hyperactivity disorder. *Journal of clinical psychology, 65* (10), 1087–1098. DOI: 10.1002/jclp.20618.

Solanto, M. V., Marks, D. J., Wasserstein, J., Mitchell, K., Abikoff, H., Alvir, J. M. J. & Kofman, M. D. (2010). Efficacy of meta-cognitive therapy for adult ADHD. *AJP, 167* (8), 958–968. DOI: 10.1176/appi.ajp.2009.09081123.

Sonuga-Barke, E. J. S. (2002). Psychological heterogeneity in AD/HD – a dual pathway model of behaviour and cognition. *Behavioural Brain Research, 130,* 29–36.

Sonuga-Barke, E. J. S. & Halperin, J. M. (2010). Developmental phenotypes and causal pathways in attention deficit/hyperactivity disorder: potential targets for early intervention? *Journal of Child Psychology and Psychiatry, 51,* 368–389.

Sprich, S. E., Knouse, L. E., Cooper-Vince, C., Burbridge, J. & Safren, S. A. (2012). Description and Demonstration of CBT for ADHD in Adults. *Cognitive and behavioral practice, 17* (1). DOI: 10.1016/j.cbpra.2009.09.002.

Sprich, S. E., Safren, S. A., Finkelstein, D., Remmert, J. E. & Hammerness, P. (2016). A randomized controlled trial of cognitive behavioral therapy for ADHD in medication-treated adolescents. *Journal of child psychology and psychiatry, and allied disciplines, 57* (11), 1218–1226. DOI: 10.1111/jcpp.12549.

Spröber, N., Brettschneider, A., Fischer, L., Fegert, J. M. & Grieb, J. (2013). *SAVE – Strategien für Jugendliche mit ADHS: Verbesserung der Aufmerksamkeit, der Verhaltensorganisation und Emotionsregulation.* Berlin: Springer.

Steiner, C. & Tillmann, K. (2011). Koordinierte Vielfalt? Über die Arbeit in multiprofessionellen Ganztagsteams. In K. Speck, T. Olk, O. Böhm-Kasper, H.-J. Stolz, H.-J., C. Wiezorek (Hrsg.), *Ganztagsschulische Kooperation und Professionsentwicklung. Studien zu multiprofessionellen Teams und sozialräumlicher Vernetzung (S. 48–68).* Weinheim: Belz/Juventa.

Steinhausen, H.-C. & Bisgaard, C. (2014). Nationwide time trends in dispensed prescriptions of psychotropic medication for children and adolescents in Denmark. *Acta Psychiatrica Scandinavica, 129* (3), 221–231.

Stierlin, H. (1989). *Individuation und Familie.* Frankfurt am Main: Suhrkamp.

Storebø, O. J., Pedersen, N., Ramstad, E., Kielsholm, M. L., Nielsen, S.S., Krogh, H.B., Moreira-Maia, C.R., Magnusson, F. L., Holmskov, M., Gerner, T., Skoog, M., Rosendal, S., Groth, C., Gillies, D., Buch Ras- mussen, K., Gauci, D., Zwi, M., Kirubakaran, R., Håkonsen, S. J., Aagaard, L., Simonsen, E. & Gluud, C. (2018). Methylphenidate for attention deficit hyperactivity disorder (ADHD) in children and adolescents – Assessment of adverse events in non-randomised studies. *Cochrane Database of Systematic Reviews, 5,* CD012069.

Strelow, A. E., Dort, M., Schwinger, M. & Christiansen, H. (2021). Influences on Teachers' Intention to Apply Classroom Management Strategies for Students with ADHD: A Model Analysis. *Sustainability, 13,* 2558.

Stringaris, A. & Goodman, R. (2009). Longitudinal outcome of youth oppositionality: irritable, headstrong, and hurtful behaviors have distinctive predictions. *Journal of the American Academy of Child and Adolescent Psychiatry, 48* (4), 404–412. DOI: 10.1097/CHI.0b013e3181984f30.

Stringaris, A., Maughan, B. & Goodman, R. (2010). What's in a disruptive disorder? Temperamental antecedents of oppositional defiant disorder: findings from the Avon longitudinal study. *Journal of the American Academy of Child and Adolescent Psychiatry, 49* (5), 474–483. DOI: 10.1097/00004583-201005000-00008.

Surman, C. B. H., Biederman, J., Spencer, T., Miller, C. A., McDermott, K. M. & Faraone, Stephen V. (2013). Understanding deficient emotional self-regulation in adults with attention deficit hyperactivity disorder: a controlled study. *ADHD Atten Def Hyp Disord, 5* (3), 273–281. DOI: 10.1007/s12402-012-0100-8.

Taylor E., Döpfner, M., Sergeant, J., Asherson, P., Banaschewski, T., Buitelaar, J. et al. (2004). European clinical guidelines for hyperkinetic disorder – first upgrade. *Eur Child Adolesc Psychiatry, 13* (Suppl 1). i7–i30.

Ulberstad, F. & Boström, H. (2018). Are we confusing immaturity with attention deficit/hyperactivity disorder in children? Poster Presentation at the ADHD World Conference in Vancouver, Canada.

Van de Loo-Neus, G. H. H., Rommelse, N. & Buitelaar, J. K. (2011). To stop or not to stop? How long should medication treatment of attention-deficit hyperactivity disorder be ex- tended? *European Neuropsychopharmacology, 21*, 584–599.

Van der Oord, S., Prins, P. J., Oosterlaan, J. & Emmelkamp, P. M. (2008). Efficacy of methylphenidate, psychoso- cial treatments and their combination in school-aged children with ADHD: A meta-analysis. *Clinical Psychology Review, 28* (5), 783–800.

Van Doren, J., Arns, M., Heinrich, H., Vollebregt, M. A., Strehl, U. & K Loo, S. (2019). Sustained effects of neurofeedback in ADHD: a systematic review and meta-analysis. *Eur Child Adolesc Psychiatry, 28* (3), 293–305. DOI: 10.1007/s00787-018-1121-4.

Vidal, R., Castells, J., Richarte, V., Palomar, G., García, M., Nicolau, R. et al. (2015). Group therapy for adolescents with attention-deficit/hyperactivity disorder: a randomized controlled trial. *Journal of the American Academy of Child & Adolescent Psychiatry, 54* (4), 275–282.

Vidal, R., Bosch, R., Nogueira, M., Gómez-Barros, N., Valero, S., Palomar, G. et al. (2013). Psychoeducation for adults with attention deficit hyperactivity disorder vs. cognitive behavioral group therapy: a randomized controlled pilot study. *The Journal of nervous and mental disease, 201* (10), 894–900. DOI: 10.1097/NMD.0b013e3182a5c2c5.

Village, E. G. (2011). ADHD: Clinical practice guideline for the diagnosis, evaluation, and treatment of attention-deficit/hyperactivity disorder in children and adolescents. *Pediatrics, 128* (5). 1007–1022.

Virta, M., Salakari, A., Antila, M., Chydenius, E., Partinen, M., Kaski, M. et al. (2010). Short cognitive behavioral therapy and cognitive training for adults with ADHD – a randomized controlled pilot study. *Neuropsychiatric disease and treatment, 6*, 443–453. DOI: 10.2147/ndt.s11743.

Walter, D. & Döpfner, M. (2009). *Leistungsprobleme im Jugendalter: SELBST – Therapieprogramm für Jugendliche mit Selbstwert-, Leistungs- und Beziehungsstörungen, Band 2.* Göttingen: Hogrefe.

Wang, S., Rubie-Davies, C. M. & Meissel, K. (2018). A systematic review of the teacher expectation literature over the past 30 years. *Educational Research and Evaluation, 24* (3–5), 124–179. DOI: 10.1080/13803611.2018.1548798.

Weber, L., Kamp-Becker, I., Christiansen, H. & Mingebach, T. (2018). Treatment of child externalizing behavior problems: a comprehensive review and meta-meta-analysis on effects of parent-based interventions on parental characteristics. *European Child & Adolescent Psychiatry, 28,* 1025–1036.

Weiss, M., Murray, C., Wasdell, M., Greenfield, B., Giles, L. & Hechtman, L. (2012). A randomized controlled trial of CBT therapy for adults with ADHD with and without medication. *BMC psychiatry, 12,* 30. DOI: 10.1186/1471-244X-12-30.

Wells, A. & Fisher, P. (2011). Meta-cognitive therapy without metacognition: a case of ADHD. *AJP, 168* (3), 327; author reply 327-8. DOI: 10.1176/appi.ajp.2010.10101467.

Wender, P. H. (2002). Aufmerksamkeits- und Aktivitätsstörungen bei Kindern, Jugendlichen und Erwachsenen: Ein Ratgeber für Betroffene und Helfer. Stuttgart: Kohlhammer.

Wichstrom, L., Berg-Nielsen, T. S., Angold, A., Link Egger, H., Solheim, E. & Hamre Sveen, T. (2012). Prevalence of psychiatric disorders in preschoolers. *Journal of Child Psychology and Psychiatry, 53* (6), 695–705.

Wilcutt, E. G., Doyle, A. E., Nigg, J. T., Faraone, S. V. & Pennington, B. F. (2005). Validity of the Executive Function Theory of Attention-Deficit/Hyperactivity Disorder: A Meta-Analytic Review. *Biological Psychiatry, 57,* 1336–1346.

Wilens, T. E., Adamson, J., Sgambati, S., Whitley, J., Santry, A., Monuteaux, M. C. & Biederman, J. (2010). Do individuals with ADHD self-medicate with cigarettes and substances of abuse? Results from a controlled family study of ADHD. *American Journal of Addictions, 16* (1), 14–23. DOI: 10.1080/10550490601082742.

Williamson, D. & Johnston, C. (2015). Gender differences in adults with attention-deficit/hyperactivity disorder: a narrative review. *Clinical Child Psychology, 40,* 15–27. DOI: 10.1016/j.cpr.2015.05.005.

Winter, B. & Arasin, B. (2007). *Ergotherapie bei Kindern mit ADHS.* Stuttgart: Thieme.

Wolke, D., Rizzo, P. & Woods, S. (2002). Persistant infant crying and hyperactivity problems in middle childhood. *Pediatrics, 109,* 1054–1060.

World Health Organization (2004). ICD-10: international statistical classification of diseases and related health problems: tenth revision, 2nd ed. Verfügbar unter: https://apps.who.int/iris/handle/10665/42980.

Wuppermann, A., Schwandt, H., Hering, R., Schulz, M. & Bätzing-Feigenbaum, J. (2015). Die Aufmerksamkeitsdefizit-/Hyperaktivitätsstörung (ADHS) bei Kindern und Jugendlichen in der ambulanten Versorgung in Deutschland. Teil 2 – Zusammenhang zwischen ADHS-Diagnose- und Medikationsprävalenzen und dem Einschulungsalter. Zentralinstitut für die kassenärztliche Versorgung in Deutschland (Zi), *Versorgungsatlas-Bericht Nr. 15/11.* Berlin. Verfügbar unter: www.versorgungsatlas.de/themen/alle-analysen-nach-datum-sortiert/?tab=6&uid=61.

Xue, J., Zhang, Y. & Huang, Y. (2019). A meta-analytic investigation of the impact of mindfulness-based interventions on ADHD symptoms. *Medicine, 98* (23), e15957. DOI: 10.1097/MD.0000000000015957.

Young, Z., Moghaddam, N. & Tickle, A. (2020). The Efficacy of Cognitive Behavioral Therapy for Adults With ADHD: A Systematic Review and Meta-Analysis of Randomized Controlled Trials. *J Atten Disord, 24* (6), 875–888. DOI: 10.1177/1087054716664413.

Zinnow, T., Banaschewski, T., Fallgatter, A. J., Jenkner, C., Philipp-Wiegmann, F., Philipsen, A., Retz, W., Sobanski, E., Thome, J. & Rösler, M. (2018). ESCAlate – Adaptive treatment approach for adolescents and adults with ADHD: study protocol for a randomized controlled trial. *Trials, 19*, 280. DOI: 10.1186/s13063-018-2665-9.

Zulauf, C. A., Sprich, S. E., Safren, S. A. & Wilens, T. E. (2014). The complicated relationship between attention deficit/hyperactivity disorder and substance use disorders. *Current Psychiatry Reports, 16* (3), 436. DOI: 10.1007/s11920-013-0436-6

Zylowska, L., Ackerman, D. L., Yang, M. H., Futrell, J. L., Horton, N. L., Hale, T. S. et al. (2008). Mindfulness meditation training in adults and adolescents with ADHD: a feasibility study. *J Atten Disord,* 11 (6), 737–746. DOI: 10.1177/1087054707308502.

Beiträger:innen

Dr. *Timo Hennig* ist Diplom-Psychologe und Kinder- und Jugendlichenpsychotherapeut. Er arbeitet als wissenschaftlicher Mitarbeiter an der Universität Hamburg.

Dipl.-Psych. *Elke Riechmann* ist Psychologische Psychotherapeutin sowie Kinder- und Jugendlichenpsychotherapeutin. Sie arbeitet als wissenschaftliche Mitarbeiterin in der Hochschulambulanz der Universität Bielefeld und in eigener Praxis.